戦後総理36人の採点表

政治評論家
小林吉弥

池田勇人がつくった宏池会を岸田文雄がぶっ壊す!?

ビジネス社

興味の尽きぬ最高権力者の「素顔」――まえがきに代えて

令和3年(2021)年10月、岸田文雄が初代伊藤博文から数えて65人目の内閣総理大臣に就任した。明治期の内閣制度発足から、136年目にあたる。

そうしたなか、戦後初の総理大臣である鈴木貫太郎から岸田文雄まで、36人の総理としての実績、政治家としてのリーダーシップ評価、あるいは一方でのぞける「素顔」を質してみたのが小書である。最高権力者の「素顔」は、興味の尽きぬところでもある。

さて、戦後政治史はGHQ(連合国軍総司令部)による対日民主化政策のなかで推移した。日本国憲法が公布され、「平和国家」の道を模索するなかで自民党VS社会党という保革「55年体制」が長く続いた。また、小選挙区制の導入があり、これは国会議員の〝体質〟を大きく変える要因ともなっている。ちなみに、経済面から見れば、戦後復興から高度経済成長を成し遂げ、GDP(国内総生産)で米国に次ぐ第2位の「経済大国」(現在は、中国に抜かれて3位)になった。また、令和期に入ると「新型コロナ」禍に襲われ、これは景気、経済を大混乱に陥れたものである。

しかし、いま時代はAI（人工知能）社会に変貌し、この国は止まらぬ「少子化」により数十年後は人口の半減が予測されるという国の大変貌のなかで、政治も新しい「国づくり」にチャレンジしなければならないところに来ている。

そのうえで、政治家とりわけトップリーダーとしての総理大臣に要求されるのは、斬新な発想への転換であり、時に機敏に時代に対応する巧みな「君子豹変」ぶりを果たせるかということになりそうである。

筆者は、昭和44（1969）年12月の佐藤栄作政権下での総選挙を手始めに、永田町取材を初めている。時に、佐藤政権の中期で、以後、今日までじつに54年、半世紀を超えている。この間の政局の動きなどは、すべて昨日のことのように目に焼き付いている。

そうしたなかで、何人かの総理大臣には、直接、取材も含めて接触しており、エピソード、秘話またいろいろと仄聞もしている。ゆえに、読者諸賢には総理大臣にはそれぞれの個性、異なるリーダーシップがあることから、その類型をもって日々の仕事のなかで大いに参考にして頂けるのではないかと思っている。

なお、小書のなかでの「総理大臣としての実績総合評価」はあくまで総理在任中のそれであり、「リーダーシップ診断チャート」は政治家生活全般からの評価である。もとより、評価は筆者の〝独善的判断〟であり、読者諸賢はそれぞれのご判断で採点して頂けたら幸いです。

なお、「総理大臣としての実績総合評価」については10点満点とし、6点以上を「合格」とした。6点はスベリ込みでかろうじての合格、7点はまずは合格、8点はなかなかの成果も挙げている、9点は高い評価に値するとするとの〝色分け〟である。5点以下はいささか物足りずで不合格、10点満点はかなしい哉一人も評価できなかったものである。合わせて、総理大臣名の上部にある「第○代」表記は、初代伊藤博文から数えて「何人目」の総理としてご理解下されたく思います。

また、小書は令和元（2019）年から2年にかけ、1年余にわたって徳間書店「週刊アサヒ芸能」誌に伊藤博文以降の全「歴代総理の『胆力』」として連載したなかで、戦後総理部分に限ってこれを大幅に加筆したものであることをお断りしておきたい。さらに、第2次以降の安倍政権後半部、菅義偉、岸田文雄の両政権については新たに追加した。

連載当時、同誌編集長だった鶴良平氏、編集部・横尾道男氏には多大なご支援を頂いた。また、ビジネス社での書籍化にあたっては社長の唐津隆氏のご厚意、気鋭の編集者・佐藤春生氏のご協力を得た。合わせて、感謝を申し上げるものです。

末筆ながら、本文中の敬称は謝して略させて頂いてある。参考文献については、巻末に一覧明記した。

令和5年秋

小林吉弥

戦後総理36人の採点表——目次

戦後総理36人の採点表

――池田勇人がつくった宏池会を岸田文雄がぶっ壊す!?

第29代

鈴木貫太郎《すずきかんたろう》

慶応3（1867）年12月24日、和泉国（大阪府）生まれ。日清戦争に水雷艇長として従軍、日本海海戦に参加。連合艦隊司令長官、侍従長。「二・二六事件」で襲撃され重傷。総理就任時77歳。昭和23（1948）年4月17日、肝臓ガンで死去。享年80。
総理大臣歴：1945年4月7日～1945年8月17日

太平洋戦争終結への幕を引いた「老練なリアリスト」

総理としてはたった2日間の〝戦後総理〟ではあったが、最終的には太平洋戦争終結へ大きな遺漏なくレールを敷いた判断力だけは、高い評価を与えていい人物である。

太平洋戦争の戦局がいよいよ不利となり、東条英機政権が崩壊、やむなしで次に担ぎだされたのが、陸軍出身、朝鮮総督の小磯国昭だった。しかし、小磯はまさに、〝ひねり出されたた総理〟でもあった。時に、知略に富んだ多くの陸軍出身の軍人たちは前線に出ており、人材不足の中でお鉢が回ってきたということだった。

しかし、小磯総理は参謀本部からは相手にされず、一方で軍務にも携われずという中で、なんら戦略、行動力を持ち得なかった。ひたすら時間を空費する間、沖縄戦、本土空襲と敗戦をより色濃くしていくのを見守るだけであった。そのうえで、やっと辞表を提出したのは、戦艦「大和」が撃沈されたその日（昭和20年4月7日）であった。

その小磯内閣のあまりの弱体ぶりの反省もあり、後継として担ぎ出されたのが、時の枢密院議長の鈴木貫太郎ということだったのだ。当初、皇族の東久邇宮稔彦《ひがしくにのみやなるひこ》も後継候補に挙がったが、終戦となった際、皇室に累が及ぶことを避けたいという意向からお鉢は鈴木に回ったということだった。すでに退陣していた東条英機は、後継を陸軍出身者に拘泥したが、鈴木なら天皇の意向を方向づけられるとした若槻礼次郎、岡田啓介ら総理経験者などが連携、海軍の長老で侍従長経験のあった鈴木に〝白矢〟を立てたということであった。

その鈴木への期待は、まず戦争の本土決戦を回避、終戦への道筋をつくることであった。結果、「ポツダム宣言」受諾への道を開くことになった。

世界史上、戦争はその終結ほど難しいものはないとされている。戦争の幕引きは、開戦、戦時中とは比べようもない困難があり、ともなってトップリーダーには圧倒的かつ慎重な政治的エネルギーが要求される。結婚はさして難しくはないが、離婚という〝幕引き〟には当事者いずれもが悩み抜き、エネルギーを使い果たすのに似ているのである。それをクリアー、総理在任期間わずか133日にして戦争収拾に導いた鈴木のリーダーシップは、ために戦前の岡田啓介元総理して「身を辞するに厳、人を待つに寛、事を処するに剛毅沈勇」と唸らせたものだったのだ。

加えるなら、その前半生を海軍一筋でやってきた鈴木には、一貫して「軍人は政治に関与すべからず」の強い信念があり、もとより政治的野心はゼロの人物でもあった。東条英機が総理在任中「必勝の信念」を口にした時でも、「信念だけでは戦争に勝てん」と言い放ったほど、開戦自体にも消極論を述べていた。事態の分析能力は抜群、対応には常に目配り、細心さが垣間見えたA級のトップリーダーと言ってよかったのである。

◆「老子」一冊を友に総理辞任決断

鈴木貫太郎は総理としての大命が下る前に、自ら「77歳、すでに耳は遠く内閣首班としてその任にあらず」と拝辞したのだが、昭和天皇は「政治は知らなくてもいいからやれ」と大命を下した。時に、戦争継続に傾く陸軍には、この内閣が「和平」へ踏み出すのではとの懸念があった。しかし、鈴木は組閣にあたってまず陸軍省を訪問するなどし、「観念的、考え方にゆとりのない人物を避けることを配慮する」として、この難しい時期の組閣をやり遂げた。政治を知らないどころではなく、ここでは改めての「老練なリアリスト」像が浮かび上がる。

もう一つ、鈴木のリーダーシップで特徴的だったのは、閣議一つとっても自らリードせず、もっぱら聞き役に回り、閣僚から意見を存分に出してもらうという手法に徹したことであった。周りから意見を出させ、機が熟するのを待って、やおら自らの決断に至るという「待ちのリーダーシップ」であり、同じ「待ちのリーダーシップ」で知られた後に登場する佐藤栄作、竹下登両総理の手法の〝ルーツ〟はこの鈴木にあったと見ることもできるのである。

昭和20（1945）年7月26日、英米中3国により「ポツダム宣言」が発せられ、鈴木は本土決戦による〝一撃講和〟の可能性がなくなったことで、戦争収拾問題の新たな段階に直面した。しかし、ここでは惜しむらく7月26日の「ポツダム宣言」が発せられたものの、受諾決断が遅れたことの禍根も残した。8月6日に広島、9日に長崎への原爆投下があり、同じ9日には対ソ工作が実らずでソ連（現・ロシア）が参戦、内閣としていよいよ追い込まれていったものであった。以後、主戦、和平の議論がなお尽きない中、鈴木は何度も海軍大臣を務めた親英米派の巨頭だった米内《よない》光政元総理らと協力、「国体護持」を第一義としたうえで、ようやく苦渋の「ポツダム宣言」受諾に至ったということだった。

その鈴木は、8月15日の「聖断」を待って総理としての辞表を提出した。その時の官邸の総理執務室の机の上には、「老子」書一冊が置かれていた。「老子」は東洋思想を探るうえでは必読の書であり、特に「礼」についてはかの孔子も老子自身から教えを乞うたと言われている。

昭和天皇「聖断」の夜、鈴木は苦渋の選択へ国民の理解を求めると同時に、国家再建への想いを込め、ラジオ放送で次のように演説した。

「戦争の終結は、国民の負担と艱苦とを容易に軽減するとは考えられませぬ。かえって、戦後の賠償と復興のために、一層の忍苦と努力を要するのであります。また、いまだかつて経験されたことのない環境の激変に、自らの帰趨を定めることはできないでしょう。しかし、大死一番、一夜の号泣から覚めたその瞬間から、過去一切の恩讐を超え、また一切の利己的な考えを断ち切って、本土の上に、民族永遠の生命を保持発展せしめていくのであります」

ちなみに、8月17日、鈴木は東久邇宮稔彦が正式に後継総理となったことで、戦後総理の期間としては〝超々短命〟のたった2日間ということになる。

退陣後の鈴木は郷里の千葉県関宿に帰り、「死は易く、生は難い。最高責任者として終戦をした以上、その結果をこの目で見たい」と口にしていた。しかし、政界はこの老練なリアリストを放っておいてくれず、再度、枢密院議長のイスに座らされ、天皇の「人間宣言」に伴う新憲法の〝枢府通過〟への尽力を余儀なくされている。

明治維新の前年に生まれ、「大日本帝国」の終焉に立ち会った鈴木は、昭和23（1948）年4月17日、肝臓ガンのため80歳で没した。尽力した新憲法が施行されての1年後であった。「ポツダム宣言」受諾には逡巡があったものの、その政治手法は常に細心の目配りで沈着冷静、大きな混乱なく終戦への道筋をつくったなどから、総理としてはかなり〝上質〟、惜しむらくは高齢での就任であった。

リーダーシップ診断チャート

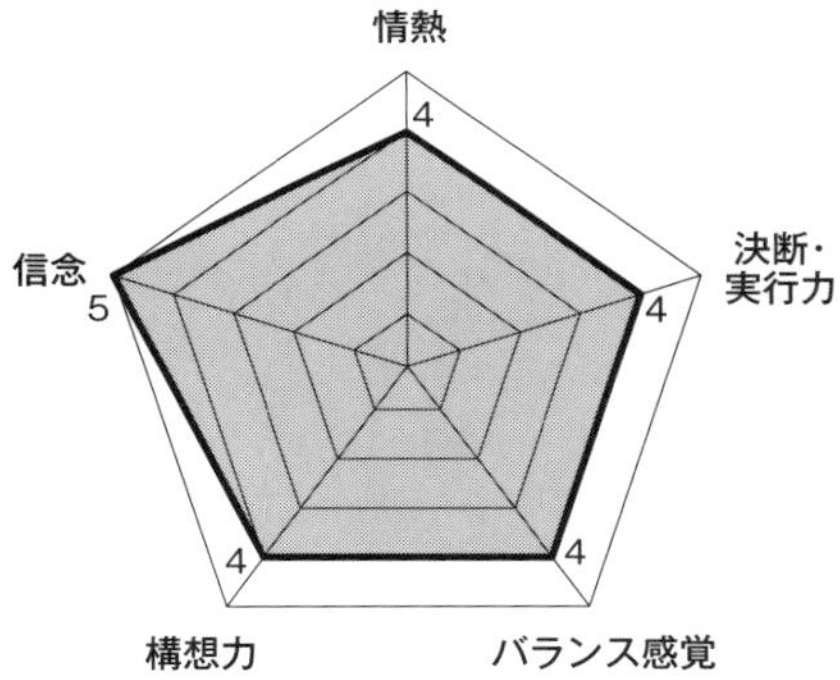

総理大臣としての実績総合評価

7 点

第30代 東《ひがし》久邇宮《くにのみや》稔彦《なるひこ》

明治20（1887）年12月3日、久邇宮朝彦《くにのみやあさひこ》親王の第九子として、京都市に生まれる。学習院、陸軍幼年学校を卒業後、東久邇宮家を創設、皇族の一員に。陸軍士官学校、陸軍大学校を経て、フランス留学。陸軍航空本部長、第二軍司令官、陸軍大将、防衛総司令官兼軍事参議官を経て、昭和20（1945）年8月17日、総理大臣：第30代東久邇宮内閣組閣。総理就任時、57歳。総理辞任後、皇籍離脱。平成2（1990）年1月20日、102歳で死去。
総理大臣歴：第30代　1945年8月17日〜1945年10月9日

戦後処理に登場した初の「皇族総理」

鈴木貫太郎内閣の後継として前例なき「皇族総理」は、敗戦という混濁のなかで軍事行動の全面停止、占領軍の本土駐留受け入れなど、直接統治案への対応を基本的な課題とした。登場したのは久邇宮朝彦親王の第九子で、東久邇宮家を創設した稔彦である。東久邇宮は皇族の長老格としての権威と信頼があった一方で政治の世界にも明るく、また軍人の信頼も厚かったと

ころから、昭和天皇の強い推挙で総理大臣に選ばれたということだった。

しかし、当初は東久邇宮も自らが陸軍軍人であること、政治経験がないこと、将来についての見通しがつかないことなどを理由に、総理就任を固辞した。「まっぴら御免です」ということだった。

ところが、8月15日正午の「玉音放送《ぎょくおん》」のあとなお天皇の強い意志が伝えられ、「自ら顧《かえり》みて不適任と思うが、成敗《せいはい》を顧みず」の決意表明をもって総理就任を受諾したということだった。国務大臣として入閣することになっていた近衛文麿、書記官長（現在の官房長官）兼情報局総裁として入閣することになっていた緒方竹虎《おがたたけとら》らが中心となり、わずか2カ月足らずの内閣としての組閣をした。

さて、その東久邇総理は終戦をもってもなお徹底抗戦論のあった一部軍部を抑える一方、国民の支持による国家の主体性維持を訴えた。しかし、「無条件降伏」化は進行、やがて自ら無力感をおぼえつつも降伏文書の調印、その他の戦後処理事務を進めたのであった。降伏文書の調印式は昭和20年9月2日の東京湾の米艦「ミズーリ号」上で行われたが、当時は昭和天皇と東久邇総理が全権となる案もあったものの、結局は重光葵《しげみつまもる》外務大臣と梅津《うめづ》参謀総長が全権として署名した。

ちなみに、東久邇宮総理は8月28日の内閣記者団との会見で、「この際、私は軍官民、国民全体が徹底的に反省し、懺悔《ざんげ》しなければならぬと思う。全国民総懺悔することがわが国再建の第一歩であり、わが国内団結の第一歩と信ずる」と発言、これは「国民総懺悔」という言葉でいちはやく流行した。なぜ全国民が懺悔しなければならないのか、疑念も含んだ流行語ではあったのだった。

◆皇族離脱、新興宗教の開祖に

東久邇宮稔彦は皇族である一方、陸軍軍人であった。陸軍士官学校から陸大に進んでいるが、陸大では猛勉強の結果、優等で卒業している。その後、フランスに留学、同国の陸大と政治法律学校で学ぶ一方、絵画やフランス語に磨きをかけ、印象派の画家ルノワールなどとも交遊をもった。

帰国後は陸軍航空本部長、第二軍司令官を経て、太平洋戦争突入時には防衛総司令官のポストに就いた。このポストをよしとせず、時の東条総理に辞任を申し出たが慰留され、やむなくとどまったという経緯もあった。総理在任は54日だった。

その東久邇宮は、戦後の昭和22年、皇籍を離脱、東京・新宿西口で食料品兼美術品店「東屋《ひがしや》」を開業して話題となった。また、25年4月には得度し、新興宗教「禅宗ひがしくに教」の開祖として戦没者の慰霊行脚《あんぎゃ》に尽力した。

そのうえで、歴代総理として戦前の清浦奎吾《きょうらけいご》の92歳をはるかにしのぎ、平成2年1月20日、102歳の長寿をまっとうした。

日本が、戦後、さまざまな〝ひずみ〟を抱えながら高度成長社会を突っ走った昭和32年、東久邇宮はこんな言葉を残しているのである。

リーダーシップ診断チャート

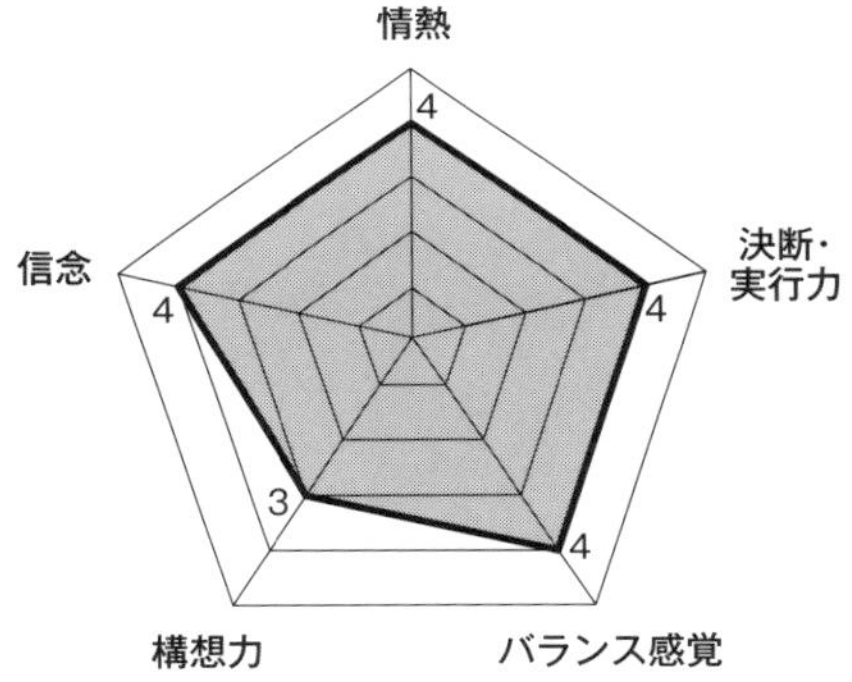

総理大臣としての実績総合評価

6 点

「私は終戦処理のために内閣を組織したが、終戦十二年を経た今日考えてみると、あの際、私が出なかったほうがよかったと思う。だれか若い革新政党の人が出て、日本の政治、経済、社会各方面にわたり大改革をやっていたら、あの当時は多少の混乱と血を見たかも知れないが、現在の日本がもっと若々しい、新しい日本となっていたことであろう。今更ながら残念

に思っている」(『一皇族の戦争日記』日本週報社)

勉強家で頭の回転もよく、ＧＨＱ(連合国軍総司令部)の支配下で円満な戦後処理には尽力したが、政治経験がなかったことも手伝って独自の政治手腕を発揮したとは言えなかった。それでも大きな瑕疵がなかったことから6点としたい。

第31代 幣原喜重郎《しではらきじゅうろう》

明治5（1872）年8月11日、河内国（大阪府）生まれ。アメリカ・イギリス大使館参事官を経て、外務次官、ワシントン軍縮会議全権委員。外相歴任のあと、昭和20（1945）年10月内閣組織。総理就任時73歳。昭和26（1951）年3月10日、狭心症のため死去。享年78。
総理大臣歴：1945年10月9日～1946年5月22日

「民主化」への大任果たした外交通

日本初の皇族総理である東久邇宮は、戦後処理に尽力したもののGHQ（連合国軍総司令部）から治安維持法の廃止や自由化、民主化の推進などを強く求められたことで、「今後は米英をより知る人が内閣を組織、連合国と密接な関係のもとに政治を行うのが適当」とし、在任54日間で内閣を総辞職した。

その東久邇宮による「米英をよく知る人」と

して後継を委ねられたのが、戦前の日本外交で米英協調路線、国際協調主義を主張、「幣原外交」で知られた幣原喜重郎ということであった。

その幣原は戦前の加藤高明（第1次）、若槻礼次郎（第1次、第2次）、浜口雄幸の4内閣で通算5年半も外務大臣を務めた。とくに、第2次若槻内閣で勃発した満州事変では軍部の意に反して「戦争の不拡大方針」を国連で表明、一方で中国に対しても「内政不干渉」という外交姿勢を示し、わが国に対する国際世論の反発を鎮めるべくの努力を惜しまなかったものだった。

そうした「幣原外交」の真髄は「外交の目標は、国際間の共存共栄にある。ために2×2は4であり、8になってはいけない」といった言葉に表れている。すなわち、慎重、手堅さ、それを支えた徹底した平和主義というバックボーンがあったということである。のちに総理になった芦田均は、「幣原の外交官としての識見、力量は、戦前の陸奥宗光、小村寿太郎級」との高い評価を与えたものであった。

さて、戦前にすでに政界から身を引いていた幣原を総理候補に強く推したのは、じつは幣原が退陣したあとを受けて総理になる吉田茂であった。吉田は幣原が外相時代、部下として外務次官を務めた幣原共々の米英協調路線派で、GHQ最高司令官のマッカーサーに「幣原総理」の了解を求めにも行ったのだった。

その際、マッカーサーはまず吉田に「彼は英語が話せるのか」と聞いたあと、女性参政権など民主化政策の実施を指令したうえで、幣原の総理就任を了解したものだった。ちなみに、吉田は東久邇宮内閣に引き続き、この幣原内閣でも外相に就任している。

政権に就いた幣原は、時に73歳。当時のことゆえ老人扱いをされ、政界から遠ざかっていた期間が長かったこともあり、「まだ生きていたのか」とのヤユする声も出たのだった。しかし、幣原はマッカーサーの指令に基づき、その実現に努めた。女性参政権、労働組合結成の推奨、学校教育の自由化、秘密審問司法制度の撤廃、経済制度の民主化の「五大改革」を実施した一方、天皇の「人間宣言」の起草など、天皇制の護持にも力を注いだということだった。

◆田中角栄の「政治の師」

その言うなら「外交のプロ」としての幣原が、じつはのちに総理大臣となる田中角栄にとって、「政治の師」であったことはあまり知られていない。

田中は生涯にわたり、自ら「三人の先生がいる。他に先生はいない」と明言している。その一人は「恩師」として、新潟の出身校・二田尋常高等小学校元校長にして教職を離れても教育者、人格者として県下に知られていた草間道之輔、もう一人が「事業の師」としての理化学研究所元所長の子爵・大河内正敏である。そして、「政治の師」がこの幣原ということだった。田中はこの三人のみを「先生」と呼び、例えば政治の世界で仕えた池田勇人、佐藤栄作などは政治の世界の「先輩」であり、それなりの敬意は持っていたものの、「先生」と呼ぶことはなかった。

幣原と田中の二人の出会いは、幣原が総理の座を吉田茂に譲り、この吉田が新憲法下における初の総選挙を打ち、この選挙で田中が民主党から出馬、初当選を飾ったところにあった。昭和22年4月である。時に、政権は降りたものの幣原も民主党に所属していた。しかし、この時の選挙は社会党が比較第一党となり、吉田率いる自由党、幣原や田中の所属する民主党らの間で連立政権を巡って混乱をした。

とくに、民主党内は吉田自由党との連携を重視した「保守政党」を標榜する幣原派と、社会党との連携に傾く革新色の強い芦田均派で主導権争いが勃発した。田中は、幣原派に所属していた。この戦いは結局、芦田派が勝った形で、社会党、民主党、国民協同党の3党連立で、社会党の片山哲委員長が政権の座に就いたものだった。

この頃の幣原と田中との関係を、長く田中の秘書を務めた早坂茂三（のちに政治評論家）が、生前、筆者に次のように話してくれたことがある。

リーダーシップ診断チャート

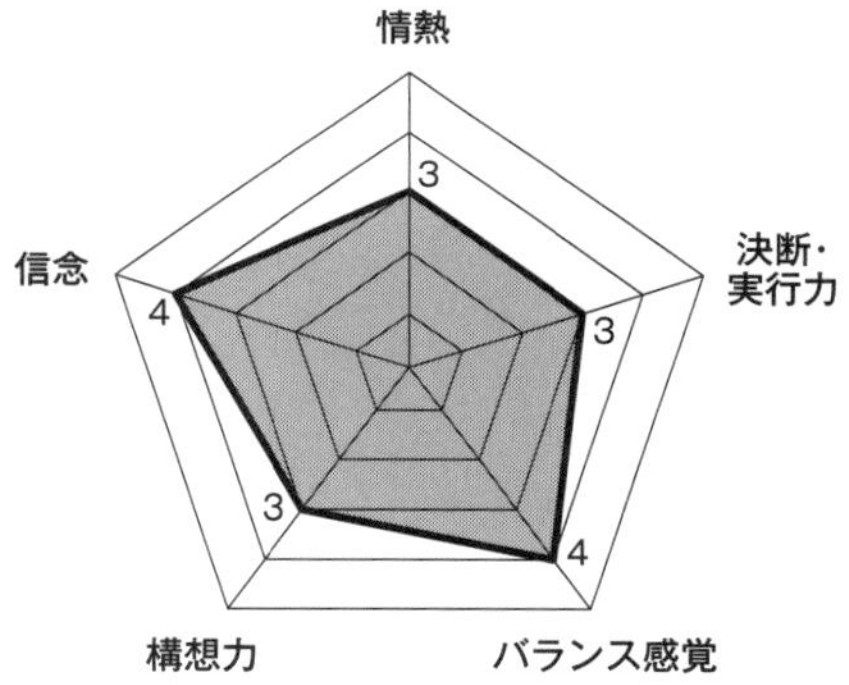

総理大臣としての実績総合評価

7点

「炯眼《けいがん》の田中は、1年生議員にして、これから政界の階段をのぼっていくには何が必要かを知った。田中は、事業に成功してカネはある。戦争で廃墟となった国内経済の立て直しについてのノウハウもあった。足りないのは〝世界観〟だ。ために人格、識見に優れ、平和主義の〝外交のプロ〟幣原に付いて行く決断をした。幣原から学んだ平和主義の世界観が、のちに総理になったときの日中国交正常化につながったと言ってもいいのではないか。

一方で田中は1年生議員ながら、民主党内幣原派の〝台所〟も担っていた。カネも切れる、政治的資質も高いということで、こうした田中を幣原もかわいがり、時の実力者の吉田茂へも売り込みに汗をかいてくれた。吉田内閣で1年生で法務政務次官になれたのも、田中自身は『幣原が吉田にネジを巻いてくれたからだろう』と言っていた」

田中をのちの実力者へのレールに乗せたのは、まさに幣原ということだった。「先生」とした田中の敬愛ぶりが知れるのである。

幣原は敗戦直後の混乱のなかで「民主化」への大任は果たしたが、「退」では政権の延命を策すなど、減点材料があったと言えた。

第32代 吉《よし》田《だ》茂《しげる》

明治11（1878）年9月22日、東京生まれ。貿易商・吉田健三の養子となる。外相を歴任後、昭和21（1946）年5月内閣組織、総理就任時67歳。対日講和条約調印をはさんで、第5次内閣まで。昭和42（1967）年10月20日、心筋梗塞のため死去。享年89。
総理大臣歴：1946年5月22日〜1947年5月24日、1948年10月15日〜1954年12月10日

「世論」におもねぬ信念貫徹の「日本再建のワンマン」

吉田茂は先の東久邇宮・幣原の両内閣で外務大臣に就任、それを機に政界の表舞台に登場した。

当時の外務大臣公邸は、麻布市兵衛町にあった。見渡せる公邸から国会議事堂あたりまでは、戦災で瓦礫《がれき》の街と化していた。吉田は日課として、ステッキをつきながら時にまだ5歳だった3女の和子（のちに九州の「石炭王」にして

衆院議員でもあった麻生太賀吉と結婚、長男としてのちに総理大臣となる麻生太郎を生んでいる）と朝の散歩をすることがあった。

そんなとき吉田は自分に言いきかせるように、和子に言った。

「いいかい、見ててごらん。いまに立ち直るよ。必ず日本人は立ち直る」

和子は、自著『父　吉田茂』（光文社）で、こう述懐している。

敗戦による荒廃と、占領という未曾有の時代に、とにもかくにも国民を飢餓から救うため経済の復興に尽力、独立と国際社会への復帰のレールを敷いた吉田は、一方で独断専行への批判はあったものの、その「胆力」、リーダーシップは、戦後総理の中では第一人者であったことは認めざるを得ない。

なぜならば、いくつかの重要政策の選択は、戦後78年経ったこの国の現状に大きな瑕疵《かし》を与えていないことによる。まさに、政治家の実績、評価は、「柩《ひつぎ》を覆《おお》うてのち定まる」の伝である。

その吉田の総理大臣就任は、「運の強さ」「偶然性」によるものと言ってよかった。本来なら、前任の幣原喜重郎《しではらきじゅうろう》が退陣したことで、後継はときの第一党、自由党総裁・鳩山一郎が就くべきであった。まだ旧憲法下であることから、幣原は鳩山の総理大臣就任を奏上《そうじょう》した。ところが、折悪しく、鳩山はパージ（公職追放）に引っかかり、幣原はやむなく自らの内閣で外務大臣を務めていた吉田を推したということであった。

　吉田は外交官一筋の人物だったが、欧米勤務という主流を歩まず、言うならば外務省では傍流であった。また、日本の軍部への嫌悪感は強く、一方で「日独伊」三国同盟への反対運動にも参画、さらには戦時中も戦争終結のため和平工作を画策したりもした。この和平工作の企みが憲兵隊に漏れ、40日間にわたって監禁されるという〝リベラル〟ぶりでもあったのである。こうした行動が逆に幸いし、パージをまぬがれることができた。やがて、当時の外交官としては最高ポストの駐英大使を務め、外相経験も手伝ってイギリス、アメリカの政治家ともパイプができ、「親英米派」に転じていくことになるのである。

　かくて、昭和21（1946）年5月16日、旧憲法下最後の大命が下り、吉田は5月22日、第1次内閣を発足させた。その組閣は決してGHQ（連合国軍総司令部）による唯々諾々のものではなく、大政翼賛選挙で非推薦で当選、自由主義者で知られた民政党の斎藤隆夫を国務大臣として入閣させるなど、気骨ぶりを示したものであった。時に67歳、混迷日本の舵取りへの船出であった。

　その第1次吉田内閣の使命は、大きく三つあった。一つは新憲法すなわち日本国憲法の公布・施行、二つは前任の幣原政権による農地改革案に満足せぬGHQに対し、さらに民主化を進めた形での農地改革法を成立させることであった。結果、この二つの難題をクリアーさせた。

そして、三つ目が、特に食糧危機への対応としての小麦などの食糧緊急輸入の取り付けであった。この緊急輸入では、「親英米派」を生かして吉田はＧＨＱの総司令官・マッカーサーと直談判、「４５０万トンの食糧輸入がなければ大量の餓死者が出る」と、農林省の統計に基づいて陳情したのだった。しかし、ＧＨＱはこれで餓死者は防げるだろうとして、70万トンしか輸入許可を出さなかったのである。マッカーサーは「日本の統計はデタラメではないか」と吉田を責めたが、吉田はこう切り返したのだった。

「わが国の統計が完備したものだったら、あんな無謀な戦争は行わなかったし、統計どおりであれば戦争は勝っていた」

このユーモアには、さすがのマッカーサーもニンマリだった。と同時に、吉田と胸襟を開ける間柄であることも知ったのだった。

◆政治生命を賭けた「単独講和」

その吉田内閣が最も本領を発揮したのは、都合第５次内閣までの7年2カ月の長期政権の中で、第２次から第４次内閣の半ばまでの約４年間と言えた。

この間、吉田のなかには、国の命運がかかる講和条約を成立させる一方、対米関係を重視しながらも、折から米ソ冷戦時代に入ったことで日本を極東の防壁としたい米国の強い再軍備要求を抑え、まずは経済復興を優先させ、経済繁栄への基礎ができたところで徐々に米国の要求をのむというシタタカな考えがあった。

吉田は軍備がいかにカネを食うかを知っており、日本の急務は何より経済復興であり、持てる国の資金はそれにこそ投入しなければならないという考え方だった。ひとまず軍備は米国に任せ、日本はひたすら経済再建に向かうべきとする「安保タダ乗り論」の展開ということである。まさに「戦争で負けて、外交で勝った試しがある」といった言葉への〝確信ある挑戦〟ということでもあった。

結果、吉田は政治生命を賭けた形で、世論に強まる「全面講和」論を蹴り、決然として「単独講和」を押し通し、米・サンフランシスコでの講和条約に調印した。昭和26(1951)年9月8日である。

また、一方でその前年に勃発した朝鮮戦争があったことで、米国の日本への再軍備要求が強まってきた。それまで吉田は米国が要求する再軍備そのものは拒否してきたが、警察予備隊、海上保安庁、保安隊の設置でお茶を濁してきていた。しかし、ここに至って日米安保条約にも調印、こちらを含めて翌27年4月28日、サンフランシスコ講和条約、日米安保条約の二つの条約が発効することになる。これをもって、日本は独立を回復した形となったのだった。

ちなみに、その後、米側の防衛力増強要請により防衛庁設置法・自衛隊法が成立、第5次吉田内閣の昭和29年6月に公布、今日の陸・海・空三軍の自衛隊が創設されることになるのである。

吉田はじつは、政治生命を賭けた講和条約調印までの約1年、好物の葉巻を断っていた。調印という大仕事を成し遂げた直後、当時の米・アチソン国務長官から超高級葉巻一箱が宿舎に届けられ、吉田は大いに相好《そうごう》を崩したとのエピソードがある。

しかしその後、いささか自信過剰、傲岸な振る舞いが目立つようになり、吉田政権は一気に〝翳り〟が生じることになるのだった。

◆〝持ち味〟の強気が裏目に

都合7年2カ月の長期政権を誇った吉田茂ではあったが、第4次内閣までの約4年間と、それ以後の退陣することになる第5次内閣までとの実績、リーダーシップの発揮いかんは、大きく異なることになる。

政権の前半では、太平洋戦争の敗戦で大きな曲がり角に立ったサンフランシスコ講和条約、その後の日本の防衛に資する日米安保条約調印に政治生命を賭けた。そのリーダーシップは、一方で曲折のあった日本国憲法を公布・施行させるなど高い評価を残したとの見方が強い。

しかし、後半はいささかの自信過剰、時に傲岸な振る舞いといった吉田の〝持ち味〟がウラ目に出、政権は一気に翳りが生じたものだった。その経緯は、次のようなものであった。

吉田は第3次内閣で、パージ（公職追放）から政界復帰していたライバルの鳩山一郎の勢力拡大にクサビを打ち込むため、「抜き打ち解散」に打って出たが、これは支持率を急降下させていく要因となったのだった。

第4次内閣の昭和28（1953）年2月には、吉田は衆院予算委員会で右派社会党の論客、西村栄一の質問を受けているさなか、アタマに血がのぼったか「生意気なことを言うな」「無礼者、バカヤロー……」と口走ってしまったことで、野党3党共同で内閣不信任決議案を突きつけられるという〝騒動〟を起こしたものだった。

結果、吉田と決別、民主党を結成していた鳩山らも不信任決議案の賛成に回り、ここに日本政治史上初となる不信任決議案の可決をみた。しかし、強気の吉田は総辞職をせずに衆議院の解散に打って出、これは「バカヤロー解散」と言われたものだった。総選挙で吉田自由党は過半数を割り込んだが、案の定と言うべきか、ここでもなお強気の吉田は少数与党第5次内閣を発足させたのだった。

しかし、昭和29年に入ると「造船疑獄」が表面化、関与した自由党幹部の中に吉田の側近で時の自由党幹事長佐藤栄作がいたことで、さしもの強気政権も一気に崩壊への足音を高めることになった。この年4月、東京地検が佐藤の逮捕を決定、国会に対して逮捕の許諾権を請求した。しかし、吉田は時の犬養《いぬかい》健《たける》法相に命じて「指揮権」を発動させることで逮捕を拒否、これは検察に容喙《ようかい》(差し出ぐち)をしたものとして、吉田内閣は世論のごうごうたる批判を招くことになるのである。

「ワンマン」と言われた吉田の権勢も、もはやここまでであった。この年12月、左右両派の社会党とともに鳩山率いる民主党も、ここで改めて内閣不信任決議案を提出した。吉田はなお「成立するなら(衆院の)解散で対抗する」と強気だったが、自由党内からも「吉田は終わった。解散するなら、吉田の党除名もやむを得ない」の声も出、ついには佐藤栄作から幹事長を引き継いでいたやはり吉田の側近の池田勇人の、「解散ができる情勢にはありません。禍根を残してはなりません」との〝涙の進言〟もあり、ついに吉田は総辞職を決断、ここにようやく長期政権に幕を降ろしたのだった。

◆長寿の秘訣は「人を食っているからだ」

政界を引退した吉田は、かつての「ワンマン宰相」を引きずるように、生臭さは健在であった。

敷地1万1千坪。その名も自ら〝命名〟した「海千山千楼」の神奈川県大磯の邸宅に昭和16年に雪子夫人を亡くして以来、吉田の身の回りの世話をし続けてきた東京の花柳界・新橋の元芸妓「小りん」と、改めて生活を共にした。吉田は子供の頃、いまの計算で30億円ほどの養父の遺産を受け継ぎ、ナントそのほとんどを花柳界で使い切ってしまったという エピソードを残している。人に頼らず自分のカネで遊ぶ吉田はモテモテだったようで、「小りん」とは、そうした中での仲だったのである。

一方で、政界への影響力も保持、政変のたびに自民党の有力者が、陰に陽に次々と足を運んだものであった。これは「大磯詣で」と言われ、「吉田の政界リモート・コントロール」との声もあった。また、時の政権の要請があれば、欧米、東南アジアなどに「政府特使」として精力的に歴訪もした。時には「日台関係」改善のため個人の資格で訪台、蔣介石と会談しては、中国から批判の声が出たものの、これはケロリだったのである。

ちなみに、吉田は部下の中からその後の「保守本流」の人材を輩出させた。のちに総理の座に就くことになる池田勇人、佐藤栄作、田中角栄らは、吉田の敷いた戦後再建へのレールを走り、国づくりの中核的存在になっていったのは知られているところである。

そうした一方で、私邸での吉田の日常は孤高にして貴族趣味の、悠々自適のそれであった。

「日本の新聞はウソを書く」とハナからバカにして読まず、定期購読として取り寄せていた英紙「ロンドン・タイムズ」を愛読、小説も英国のユーモア小説を原書で読んでいた。好物の葉巻は1日7、8本を欠かさず、食事も晩年まで1日1回のビーフ・ステーキとともに、ウイスキーをたのしんだのだった。

政権を降りて13年目の昭和42（1967）年10月20日、心筋梗塞のため89歳で死去。死の直前、洗礼を受け、「ヨゼフ・トマス・モア・ヨシダシゲル」となった。10月31日の日本武道館における戦後初の国葬には、多くの一般国民を含めて3500人が献花をしたものだった。国民の人気の高さが知れたのである。

亡くなる数年前、長寿の秘訣を聞かれた吉田いわく、「まぁ、人を食っているからだ」ということであった。これは、人の好き嫌い激しく、独断専行、頑固、時に傲岸不遜への批判は付いて回ったが、一方で陽気、稚気たっぷり、〝ユーモリスト吉田〟の面目躍如の言葉でもあった。陰気なリーダーに、人気が沸騰した試しがない。ちなみに、性格の明るさ、稚気、ユーモアは、しばしばリーダーの欠点を補う〝3要因〟になるのである。

日本における新憲法の公布など混乱する戦後の諸改革の多くは吉田内閣が推進させてもいる。戦後のトップリーダーとしては、さすがに高評価を与えざるを得ないということだろう。

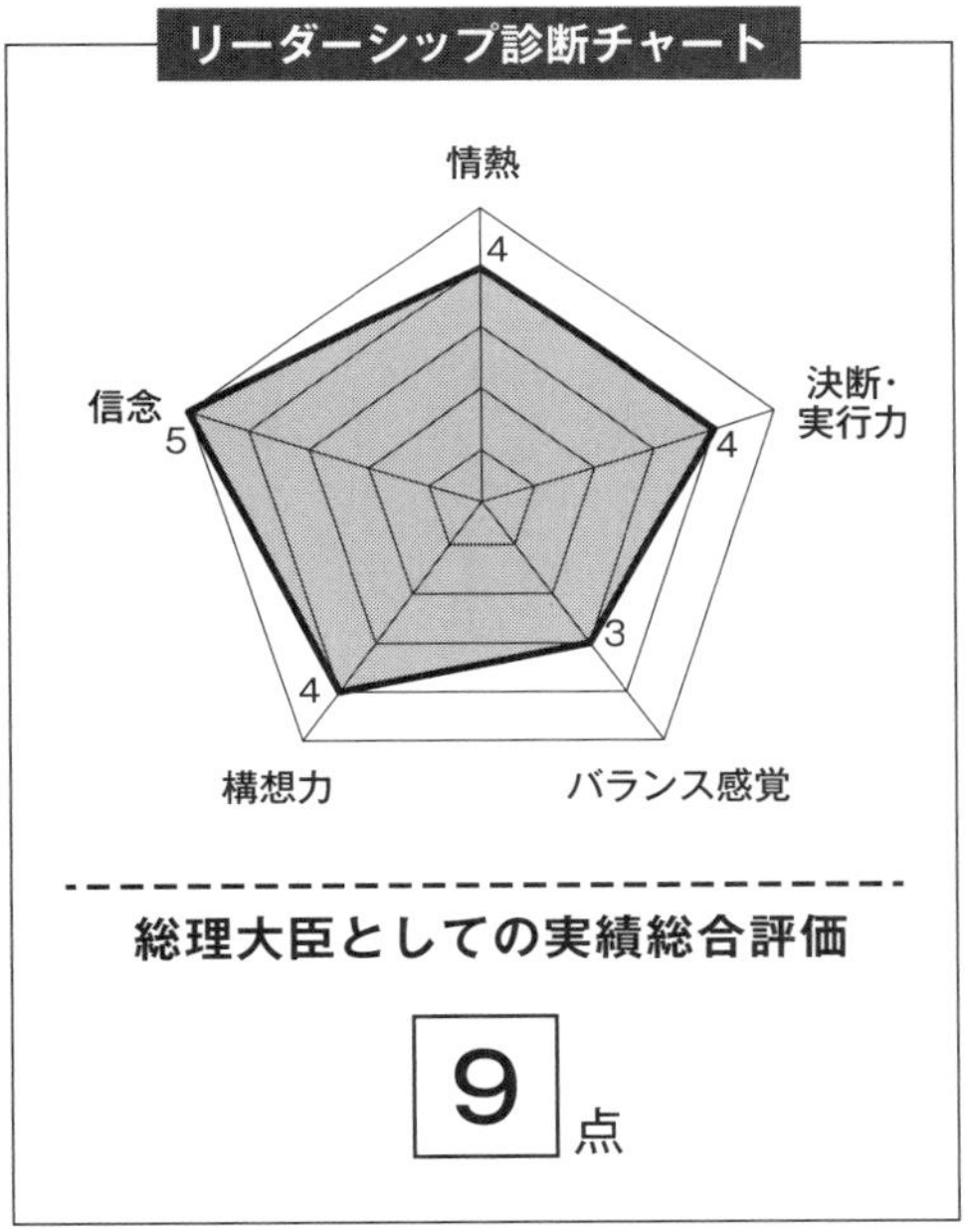

第33代

片《かた》山《やま》哲《てつ》

明治20（1887）年7月28日、和歌山県生まれ。弁護士。日本社会党結成に参加。初代書記長、委員長を歴任し、昭和22（1947）年5月、内閣組織。総理就任時59歳。社会党左右両派に分裂で右派委員長。昭和53（1978）年5月30日、老衰のため90歳で死去。
総理大臣歴：1947年5月24日〜1948年3月10日

クリスチャン「初の社会党総理」

片山哲総理大臣は昭和22（1947）年5月、この国の政治史上、「初づくし内閣」としての登場だった。新憲法施行後の初の内閣であり、加えて保革連立のなかで初めて社会党党首として首班に推されたからである。それから47年後、村山富市が同じ社会党党首として総理のイスにすわっている。
さて、その1カ月前の戦後第2回目の総選挙

で、片山が委員長の日本社会党が比較第1党となり、これを機に中道政権の樹立を目論むGHQ（連合国軍総司令部）の意向により、第2党の自由党を与《くみ》させぬ形で、民主党、国民協同党との3党連立による政権が誕生した。その政権発足時は、片山が若い頃から弁護士の一方で敬虔なクリスチャンの人道主義者、人物また高潔が世に知られていて、内閣支持率はじつに68％と極めて高いものだった。しかし、政権はわずか8カ月余りで投げ出さざるを得なかったものだった。

なぜなら、GHQの統制下で誰がやっても難しい政権運営ではあったが、片山は元々、自らがこの国の舵取りなどとは夢想だにしていなかったことに大きな原因があった。

いい例に、社会党が総選挙で第1党の地位を得たとき、片山はまず「弱った」とうつむいてしまったことがあった。まさに左手に六法全書、右手に聖書を手にした片山は、文字通りこれで〝手一杯〟、政治的手腕を十全に使いこなすことができなかったということだった。

「政治は自己犠牲、献身の崇高な一つの精神運動、道義高揚の運動である。断じて、自己のためにすべきにあらず」の言葉は、総理就任から間もなくの「国民諸君に訴う」とした片山のラジオ放送（要約）からのものだが、ここであえて「政治は一つの精神運動、道義高揚の運動」と公言したところにも、一国のトップリーダーとしての限界があったと言えた。政治は一方で知略、時に謀略でしのぎ合うことも少なくなく、片山が主張する「精神性」とはまったく異次元の〝格闘技〟であることに目をつむっていたからだった。

しかし、政権の8カ月余の間、ただうつむいていたかというと必ずしもそうでなく、災害救助、職業安定、児童福祉、刑法改正など、民主化の促進や国民生活の改善に必要な政策は成立させている。また、主食遅配の食糧難で餓死者も急増する中、GHQに掛け合って輸入食糧の放出にOKを取り付けてもいる。

さらには、社会党の基本政策であった石炭の国家管理を法律で定めることを実現させた。当時の日本の唯一の地下資源はこの石炭だったが、全国の産炭地では〝石炭成金〟が続出していた。これは片山の人道主義の考え方とは大きく乖離するものであり、一方で増産は国家管理でやればより効率的という発想だったのである。

結局、この「炭管」と言われた炭鉱国家管理法案は、与党を組む民主党が反対したため修正に次ぐ修正のうえ、ようやく5カ月をかけて成立させたものだった。政権8カ月のうち、5カ月間のエネルギーを費やしての法案成立だったのである。その意味で、派手さはないが国民生活に資する政策は推進させている。かろうじて、合格点は取った形だ。

ちなみに、当時、民主党の1年生代議士にして法務政務次官だったのちに総理のイスにすわることになる田中角栄が、この炭管法案を潰すため炭鉱業者から100万円の小切手を受領したとして、贈収賄罪に問われたものであった(注・一審有罪、二審無罪)。

そうこうする中で、一方で労働運動の激化、あるいは農林大臣の罷免問題で閣内不一致が起こり、足元の社会党でも左右両派の抗争が激しくなっていった。右派の片山は両派の統一に汗をかいたが失敗、ボロボロになりながらの予算の審議中に内閣総辞職を余儀なくされることになるのである。

このとき、政権運営、政争いずれも不得手を見せつけたこうした片山には、「グズ哲」の異名があったのだった。

◆異名「グズ哲」人道主義の限界

片山哲は生まれも育ちも、政治家とは無縁の人道主義者の環境の中にいた。父親はクリスチャンかつ高潔で鳴る弁護士で、母親もまたクリスチャンであった。母からは、幼くして「神様がお守りして下さるように」と、米国の女流作家バーネットの小説『小公子』の一節を、繰り返し読み聞かされていたのだった。ために、旧制三高時代には「救世軍」の演説に感銘、「弱者救済」を胸に東大法学部を卒業すると当然のように弁護士になっている。

また、東大卒業後の1918年には、大正デモクラシーの理論的指導者の吉野作造を理事長にして「簡易法律相談所」を開設、桐下駄が10円ほどの時代に相談料わずか1円で引き受けていた。しかも、争いごとすなわち訴訟は一切受け付けずで、和解専門という異色の方針で弱者の救済にあたったのだった。さらに、弁護士時代には弾圧の中で「労働総同盟」で法律部長を務めたが、これもすべて「弱者救済」のクリスチャン精神から来たものだった。

あえて付言すると、日本の社会主義運動家は安部磯雄や賀川豊彦のように、キリスト教信仰から出発した者が多いのが特色である。また、戦前の日本の社会主義政党は当時「無産政党」と呼ばれ、その左派が労農党、右派が社会民衆党と名乗り、最も大きな勢力として両派の中間に日本労農党があったのだった。

さて、わずか8カ月余で政権を投げ出した片山は、次の芦田均内閣で入閣要請を受けたがこれを断り、「社会党の真意を伝えるため」として地方遊説の旅に出るなど、愚直ぶりを発揮したものだった。また、学生時代に愛読したトルストイの墓参を果たすため、ソ連(現・ロシア)に渡ったりもしたのである。

書は、「純情清節」(邪心のない節操)とよく書いた。社会党の真意を伝えるための地方遊説、トルストイの墓参も、そして短かった政権の座も、この人道主義者にとっては「純情清節」からの発露以外の何物でもなかったようである。

ちなみに、片山がわずか8カ月で内閣総辞職を余儀なくされた背景の一つに、じつはマッカーサーによる「日本再軍備要請」を蹴ったことがあるとの見方もある。「政治は精神運動」とする流れには、とても呑める話ではなかったということであった。

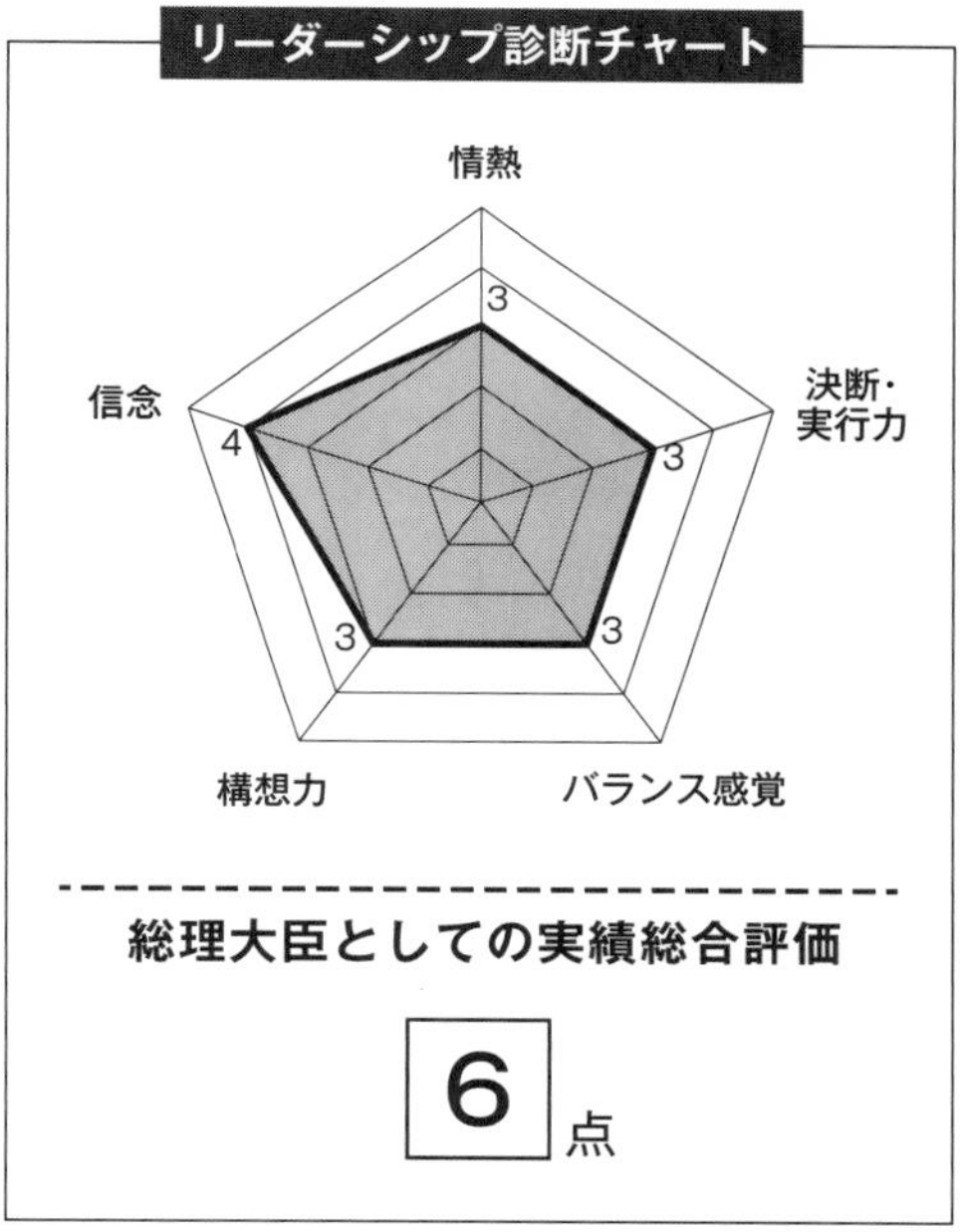

第34代

芦《あし》田《だ》均《ひとし》

明治20（1887）年11月15日、京都府生まれ。外務省入省。ジャパンタイムズ社長。鳩山一郎らと日本自由党結成、脱党して民主党結成で総裁に。総理就任時60歳。総辞職後、東京拘置所に強制収容（のちに無罪）。昭和34（1959）年6月20日、耳下肉腫のため71歳で死去。
総理大臣歴：1948年3月10日〜1948年10月15日

「先見の明」、気骨も持ち合わせた秀才

芦田均内閣は、政権タライ回しのなかで誕生した。前任の片山哲が政策の行き詰まりで総辞職したのであれば、本来なら「憲政の常道」で、政権は野党第1党の吉田茂を総裁とする自由党に回るべきものであった。

しかし、芦田は前政権の片山同様、社会党、民主党、国民協同党の3党連立を踏襲、半ば強引に「中道連立内閣」を自称して政権の座に就

いた。

首班指名選挙は衆院では芦田が制したが、参院は自由党の吉田が制して大混乱、憲法六七条の衆院優位の規定により、芦田はからくも総理のイスに座ったということだった。結果的には、吉田と争ったこの首班指名の混乱により3党連立政権が揺さぶられ続け、芦田内閣の「短命」を運命づける結果となった。政権はわずか7カ月余、220日で崩壊したのである。

しかも、政権スタート2カ月後の昭和23（1948）年5月、「昭電疑獄」が表面化したことが、さらに政権の力をそいだ。これは戦後復興融資などにからむ贈収賄事件で、栗栖赳夫経済安定本部総務長官などを含め、政財官界などから逮捕者じつに64名が出たのだった。

なお、この時の逮捕者のなかに時の大蔵省主計局長・福田赳夫（のちに総理）もおり、芦田自身も内閣総理大臣ではあったが、融資を斡旋して謝礼を受けたとして逮捕、起訴されている。福田も芦田も最終的には無罪となったが、結果的には逮捕者64名中有罪はわずか2名にとどまり、「検察の勇み足」との声も出たのだった。

さて、芦田は、当初は国民の間では評価の高い政治家ではあった。知性豊かにして手法はなかなかしたたか、演説は理路整然で、国会でも名演説とされるものをいくつか残している。立ち位置については、反軍閥、リベラルというものだった。その一方で、「先見の明」としての柔軟性も持ち合わせていた。

しかし、芦田政権は前述のように連立政権の不安定さに加え、GHQ（連合国軍総司令部）の意向も入れざるを得ないという、ジレンマの中での苦闘を余儀なくされた。そうした中で、「先見の明」として見るべき政策としては、唯一、戦争で崩壊した経済の再建のための外貨導入を軸とした「経済安定十原則」を掲げた点が評価された。

一方、芦田の政治家としての気骨は、政権以前に見られた。それは、「憲法九条の条文は人権を認められた個人同様、日本の自衛権を否定したものではない。この権利は、自衛のための武力行使を禁じてはいない」（「毎日新聞」昭和26年1月17日付＝要約）の一文に表れている。

すなわち、芦田は第1次吉田茂政権下で衆院の「帝国憲法改正案委員会」の委員長を務めていたが、芦田はGHQ（連合国軍総司令部）および吉田総理の意向を押し切った形で憲法第九条の内容を、戦争の完全放棄でなく侵略戦争の放棄にとどめたということであった。

芦田は独断で「九条」の原案を修正、自衛のための武力行使を排除したものでないことを強調した形にしたということである。これにて、日本の軍備はGHQによって手足を抑えられることなく、自衛のための軍備は保持することが可能となったということだった。今日、これは「芦田修正」という言葉として残っているのである。

◆死の2週間前まで「外交史」執筆

その芦田は京都府に生まれ、父の鹿之助は豪農で知られ、代議士を務めたこともある。その意味では、芦田は〝わが政治史上初〟の二世代議士の総理大臣ということになる。若い頃からとんでもない秀才で、旧制第一高等学校、東京帝国大学法学部仏法科いずれも首席で卒業、外務省へ入省した。その後、外交官としてロシア、フランス、ベルギーなど海外各地へ赴任するが、ロシア赴任時に目の当たりにした「ロシア革命」が、その後の芦田に大きな影響を与えたようだった。リベラル、反軍閥の姿勢は、このあたりで育まれたと見られる。

しかし、当初は歓迎されたこうした姿勢も政権末期には国民も手の平を返し、人心は一気に離れてしまった。性格の愛想なしが、輪をかけたようでもあった。

例えば、のちに総理となった同じ外交官出身の吉田茂は、ＧＨＱ相手の巧みな駆け引きの一方で「大宰相」の声もあったが、ピカ一の秀才だった芦田は、「先見の明」には秀でていたものの、政治家としては吉田より「芸」が乏しかったと言えた。「占領下の政治体制でなかったら、その力量は吉田より上」との見方もあったのだった。

また、几帳面な芦田は自らの生活の詳細な日記を残し、著作も多い。そうした中で、占領下の政治体制でのリーダーシップ発揮の難しさと苦衷、無念さを、次のように語ったものだった。

「占領軍治下の政府としては、誰が政局を担当しても、連合国の占領政策の線に沿って政治を行う以外に道はない」

一方で、そんな芦田に、「総理大臣でなく衆院議長になっていたら、間違いなく名議長として名を残しただろう」との声も残っている。占領軍治下で発揮できなかった力量を、惜しむ見方ということである。

政権を下りたあと、芦田は請われて日本民主党の最高委員、昭和30年11月15日のその民主党と自由党が合併した「保守合同」後も、自民党の最高顧問の一方で党の外交調査会会長として存在感を示した。ちなみに、京都の芦田の選挙区を継いだのは谷垣専一、その子息の谷垣禎一（元自民党総裁）がまた、その後を継いでいる。

晩年は、私生活では美人の誉れ高かった寿美夫人との仲の良さが知られ、アロハ姿も似合うダンディぶりを発揮、自宅のあった港区芝白金の地元運動会に飛び入り参加をするなど、言われた愛想のなさは影をひそめていた。

同時に、外交への思い常に熱く、亡くなる２週間前には１０００ページに及ぶ「第２次世界大戦外交史」を脱稿していたのだった。

したたかな秀才政治家ではあったが、時代がそれを生かさせなかった。総理としての実績総合評価は、惜しむらく同情を加味して7点とした。トップリーダーが、「天の時、地の利、人の和」の〝満額の三条件〟を得るのは、いつの時代も至難のワザのようである。

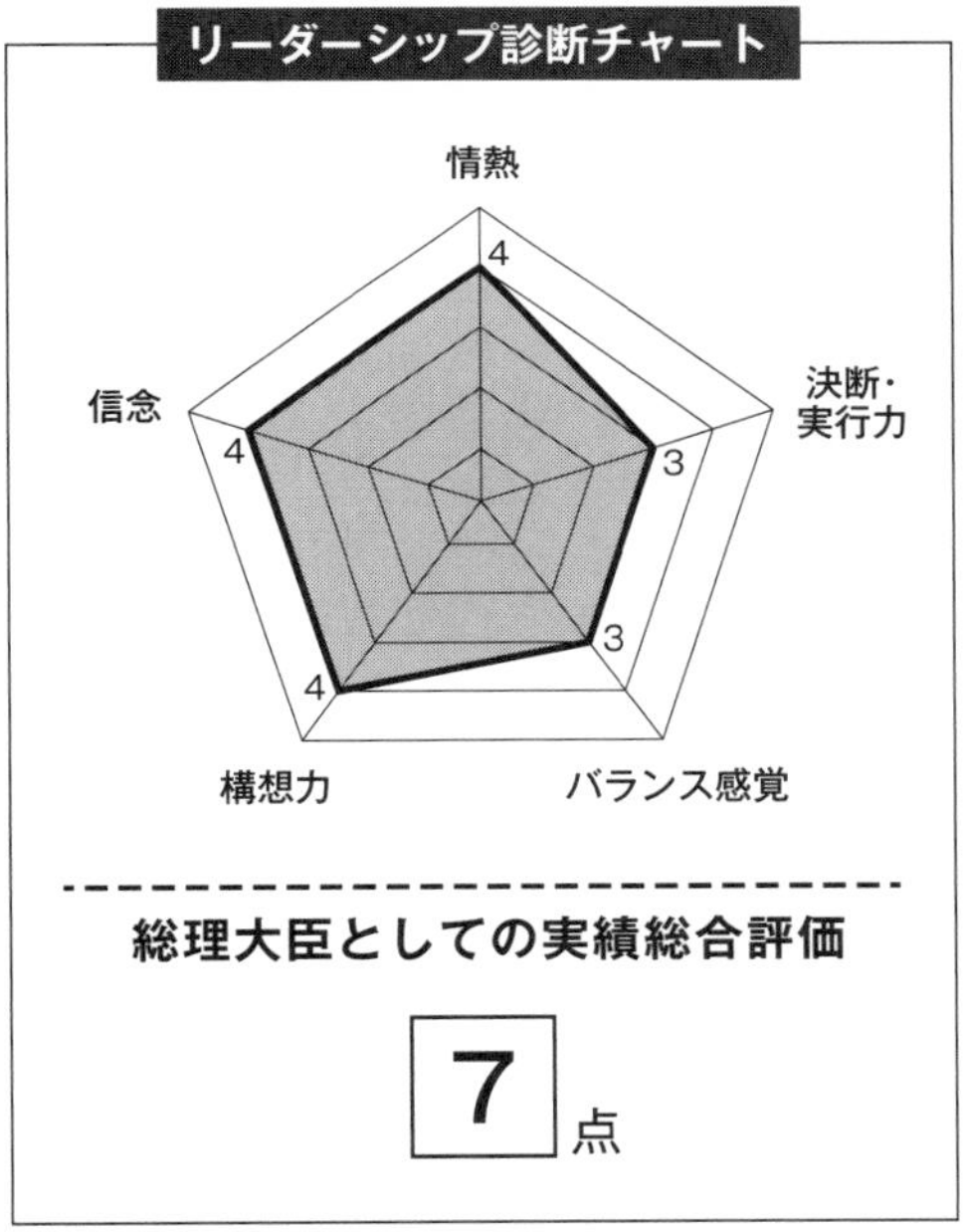

第35代 鳩《はと》山《やま》一《いち》郎《ろう》

明治16（1883）年1月1日、東京生まれ。日本自由党結成、総裁に。公職追放・解除後、民主党結成、総裁を経て、内閣組織。総理就任時71歳。日ソ国交回復共同宣言調印後、総辞職。昭和34（1959）年3月7日、狭心症のため死去。享年76。
総理大臣歴：第35代　1954年12月10日～1956年12月23日

吉田茂を「宿命のライバル」とした政界のサラブレッド

鳩山一郎が政界トップの座に就くまでは、常に吉田茂との対峙、すなわち〝確執史〟に彩られていた。二人は、「宿命のライバル」と言ってよかったのだった。

鳩山の父・和夫は東京帝国大学教授。日本初の法学博士として、弁護士、東京専門学校（現・早稲田大学）校長を務めた一方、東京市議、衆院議員、最後は衆院議長のイスに座り、「政界屈指の英才」と言われた人物であった。

その血を引いた「サラブレッド」の一郎も頭脳明晰、東京帝国大学を卒業後は、父と同様やはり政治の道に入った。44歳で政友会の幹事長、その政友会総裁だった田中義一が総理大臣に就任すると内閣書記官長（現在の官房長官）として入閣、その後も犬養毅、斎藤実の両内閣で文部大臣を務めるなど、時代に迎合せぬリベラルな政治家として頭角を現している。

ちなみに、鳩山家の秀才としての血筋は、のちに共に国会議員となる一郎の息子・威一郎、その子・邦夫にも引き継がれ、共に東大は首席卒業となっている。

その一郎は昭和10（１９３５）年には親戚にあたる美濃部達吉の「天皇機関説」が問題化するや、堂々「中央公論」に〝擁護論文〟を執筆、軍部からにらまれるほどのリベラルぶりだった。

そうした中で、昭和12年7月、外遊した鳩山は、時に駐英大使だった吉田茂と会い、ここで互いのリベラル性を認め合う関係となったのだった。

吉田は貴族趣味、度胸もある。秘密主義的なところはあるが、駆け引きに長けていた。こうしたなかで、開けっぴろげで人の好い鳩山とは凹凸相和すということか、親交を結ぶに至った。やがては、互いに「俺」「貴様」と呼び合うほどの仲になっていったのだった。

その後に、太平洋戦争の開戦。あっさりとした性格の鳩山は翼賛体制を嫌い、あっさり軽井沢と熱海にある別荘に引っ込み、政治からは一歩距離を置いてしまった。しかし、終戦とともに上京、改めて非翼賛議員として政界復帰する一方で、どこか気が合った吉田を、こんどは逆に政治の舞台に引っ張り出したのだった。

時に自由党総裁だった鳩山は、政治に不案内な吉田の議員とのパイプ作りに手を貸し、一方で政治資金の面倒までみた。吉田も鳩山自由党の傘下に入ることになったが、しかしこれを機に路線の違いなどから二人の確執が顕在化していくことになった。一方で、ここから鳩山の「不運」が続くことにもなるのである。

鳩山は外遊中に書いた旅行記などを対象にされてまずはパージ（公職追放）にあい、これが解除となる2カ月前には脳出血で倒れるという不運が重なった。加えて、追放に際して自由党の後継総裁に吉田茂を選んだのだが、鳩山は追放解除で政界復帰を果たしたもののすでに政権の座に就いていた吉田は、今度は鳩山を煙たがりだしていたのだった。

例えば、外交姿勢ひとつとっても、対米関係重視で臨む吉田に対し、リベラル路線の鳩山には違和感があった。吉田もリベラルではあったが、したたかさでは人の好い鳩山より一枚上、吉田が鳩山を裏切る形で、ついには二人は「犬猿の仲」となっていったのだった。

◆「友愛」理念で執念の「日ソ共同宣言」調印

しかし、不運にさいなまれていた鳩山一郎にも、ようやく光明が巡ってきた。昭和28年4月、吉田茂による「バカヤロー」発言に端を発した解散・総選挙で、吉田率いる自由党は敗北、これを機に自由党内で鳩山総理待望論が噴出し始めた。鳩山の脇を固めたのは、三木武吉《ぶきち》、石橋湛山《たんざん》、河野一郎といった海千山千の党人の面々だった。

昭和29年11月、鳩山は意を決し、吉田とたもとを分かって民主党を結成した。翌12月に吉田はシブシブ退陣、ここに鳩山内閣が成立した。世論は、鳩山ブームで盛り上がった。脳出血での再起不能説も出たがこれを克服、半身不随のハンデを負いながらも第一線に再浮上してきたこと、国民が吉田の長期政権に飽きていたことなどが、そのブームの大きな要因だった。それは、鳩山が政権に就いて2カ月半後の総選挙で、鳩山民主党が吉田自由党を大きく突き放して大勝したことでも明らかだった。

さて、スタートした鳩山内閣は、当時としては新鮮な政策、方針を次々と打ち出した。内政面では「住宅建設40万戸の促進」「小選挙区制への選挙制度改革」などから、役人のゴルフ・麻雀の禁止といったことまでだったが、結果的にはほとんどが〝打ち上げ花火〟

で終わってしまった。

その原因は、大きく〝人事ベタ〟にあったと思われた。人事は的確にその人物の適性を見抜き、適材適所で臨まなければ機能しないが、鳩山はそうした才には欠けていた。鳩山内閣は第3次でのそれまで、実に7回の改造を行ったが、改造のたびに党内に不平分子が増えていくといった具合だった。これでは、政策推進などがかなうはずがない。詰まるところ、理念先行、実質ともなわずの鳩山政治ということになったのである。

「友愛革命として、友情と智を両輪とした民主主義の確立を目指す」の言葉も、結局、政治現場での峻厳な争いの中では理念先行となり、命脈を保てなかったということである。鳩山の〝胆力〟の限界ということだったかも知れない。

そうした悲運が目立った鳩山ではあったが、執念として残した実績は、昭和31年10月の「北方領土」の帰属問題はタナ上げとしたものの、「日ソ（現・ロシア）共同宣言」への調印であった。爾来、以後の政権によるロシアとの北方領土交渉は、この鳩山による日ソ共同宣言をもとに行われているが、何ら前進を見せていない現実は読者ご案内のところである。

鳩山は、日ソ共同宣言調印から約2年半後、76歳で没した。50年近くに及ぶ政治家生活でしたためた揮毫には、「行雲流水」「明鏡止水」の一方で、「友愛」の2文字が圧倒的だったとされている。

数々の不運のなかで常に理念の旗は降ろさなかったが、政治という修羅場ではそれが逆にネックにもなった。総理としての実績評価は、〝打ち上げ花火〟も多々あったことから、やや甘いが7点とした。

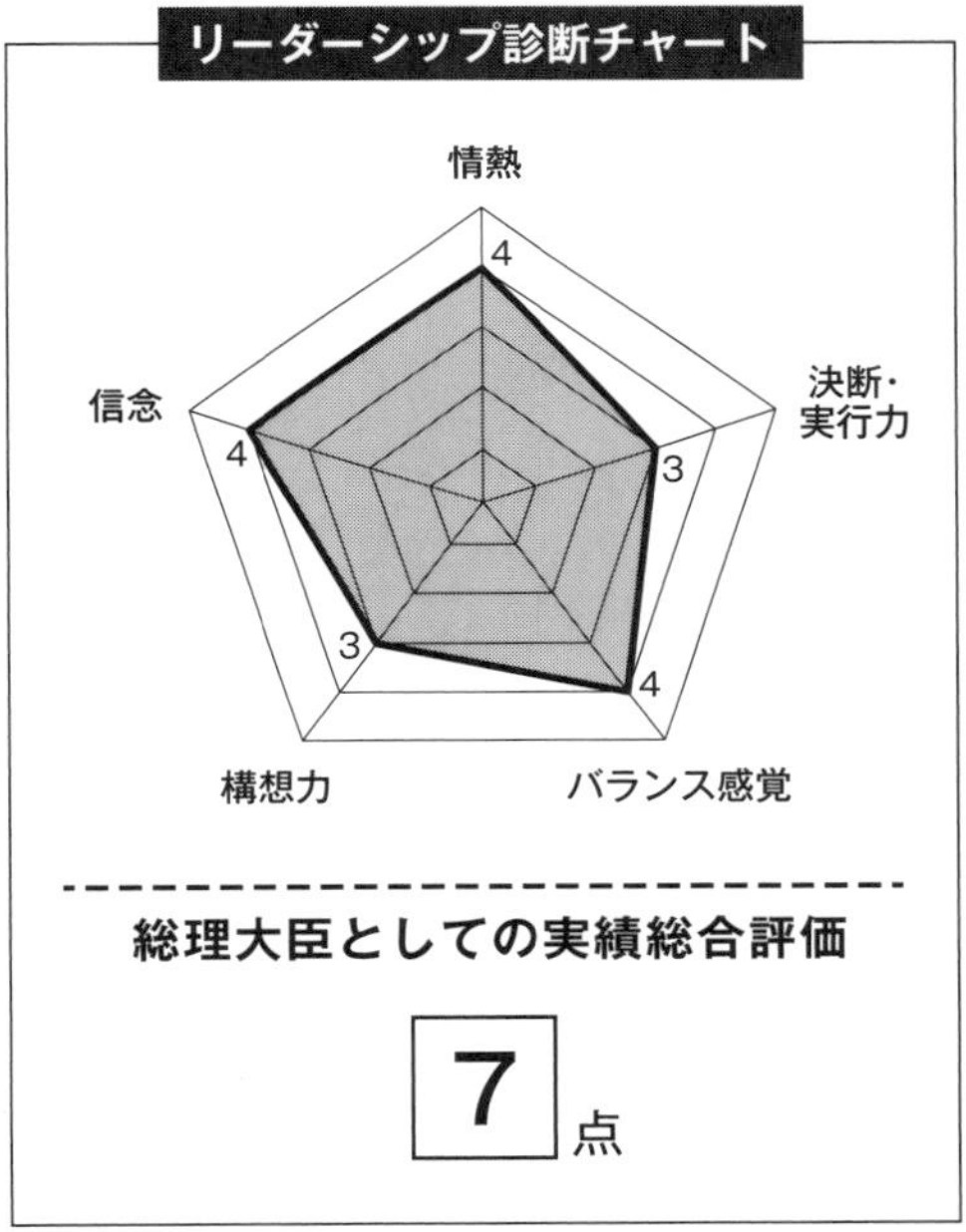

第36代

石橋湛山《いしばしたんざん》

明治17（1884）年9月25日、東京・麻布で日蓮宗僧侶の長男として生まれる。11歳で僧籍。早稲田大学哲学科を首席卒業。東洋経済新報社社長。昭和31（1956）年、自民党総裁。総理就任時72歳。昭和48（1973）年4月25日、脳梗塞のため死去。享年88。
総理大臣歴：1956年12月23日〜1957年2月25日

よもやの逆転劇で総理を手にしたジャーナリスト

日蓮宗の僧侶でのちに身延山の法主となった杉田湛誓《たんせい》の長男として生まれた石橋湛山は、長じてリベラルの立場から、軍部ににらまれながらも、持論を開陳してやまぬ経済ジャーナリストとなった。石橋は母方の姓である。

石橋は早稲田大学文学部哲学科を卒業、毎日新聞社に入ったあと、東洋経済新報社に転じたものである。ちなみに、尋常中学校には〝飛び級〟で入学を果たしたものの、ここで二度落第、卒業までに7年かかっている。また、卒業後は第一高等学校（現在の東京大学）を目指したが失敗、結局、早稲田大学に入ったが、ここで哲学者の田中王堂の教えを受けたことで、のちの人生に強い影響を受けている。

その後、同社の社長を経て、有言実行なくして意味なしで、政策を反映させるべく吉田茂率いる自由党に入党した。第1次吉田内閣では、大蔵大臣として迎えられている。経済理論はその著『湛山回想』（岩波書店）にあるように、「戦後日本経済で恐るべきはインフレでなく、むしろ生産が止まり多量の失業者の発生するデフレ傾向にある」とするケインズ流の積極財政論者で、当初は吉田総理も石橋理論に期待していたのだった。

ところが、この期、GHQ（連合国軍総司令部）が、積極財政を推進されれば米国を差し置き、日本経済の国際競争力の強化に直結するとの危惧を抱き、石橋のこれまでの言論と併せてパージ（公職追放）としてしまったのだった。このとき、吉田は石橋が将来的には自分の強力なライバルになるとの懸念から、あえてパージ反対の擁護をしなかった。

石橋はこれを機に吉田と決別、パージ解除後、こんどは鳩山一郎が結成した民主党に参加、鳩山が内閣を組織すると通商産業大臣として入閣する。その鳩山は「日ソ共同宣言」の調印を花道に退陣、「高潔の士」とも謳われた石橋は時に少数派閥を維持していたが後継候補として担ぎ出され、他の立候補者の岸信介、石井光次郎と、自由党と民主党が合併して結成した「自由民主党」初の総裁公選の〝修羅場〟に立たされることとなる。昭和31（1956）年12月、時に石橋72歳である。

自民党初のこの総裁選は舞台裏ではとんでもないことが起こっていた。巨額のカネが動き、閣僚や重要党役員ポストの空手形が乱舞で、熾烈な多数派工作が展開されたのだった。ちなみに、このときの〝名残り〟が、のちの派閥政治につながったとされている。石橋陣営も、ひとり「高潔」を気取っているわけにもいかず、相当のカネを使ったと言われている。

結果、第1回投票では岸223票、石橋151票、石井137票と岸が1位となったものの過半数に届かず、2位の石橋との決選投票へもつれ込んだ。ここで、石橋陣営は石井陣営と「2・3位連合」を組んだ。この「2・3位連合」の票を合計すれば遥かに岸の票を上回るハズだったが、決選投票までのわずかな時間に岸陣営のカネ、ポストを併せた石橋、石井両派閥の切り崩し工作が行われていたことが、開票して改めてわかっている。

それでも、石橋の側近・石田博英（元労働大臣）らによる投票数のインチキ防止策などの「ウルトラC」が功を奏した形で、わずか7票差ながら石橋が逃げ切った。

しかし、この総裁選での自民党内のシコリは尾を引き、石橋内閣の組閣からして、難産そのものだった。岸陣営は石橋の申し出る入閣要請をことごとく蹴り、ためにとりあえず石橋総理一人だけの任命式を行い、総裁選からじつに10日後、ようやく組閣が完了するといった塩梅だったのだ。

総理となった石橋はまず、「私は国民の皆さんのご機嫌を伺うような政治はやらない」と〝宣言〟、「日中友好促進」と「1千億円減税」という当時としては清新な2大政策を掲げた。しかし、慣れぬ権謀術数に振り回されての心身ともに疲労困憊、間もなく病に倒れることになるのだった。

風邪から肺炎を起こし、持病の三叉神経麻痺が悪化して言語障害まで加わった。医師団は「今後しばらくの国会出席は不可能」と判断、石橋は断腸の思いのなかで退陣を決意した。鈴木貫太郎の内閣のわずか2日間は別格としても、東久邇宮《ひがしくにのみや》内閣54日間、のちの羽田孜内閣64日間に次ぐ、65日間の超短命政権で幕を降ろしたのだった。

◆「科学立国」提唱の先見性

反骨精神に満ちた石橋が生涯を通じて主張した精神の片鱗は、大正10（1921）年に発表した「小日本主義」に見ることができた。植民地支配や未開地の領有は経済的にも引き合わず、かつ支配される人々の恨みを買うことから、率先して放棄したほうがいいとした。また、終戦の10日後には「更生日本の進路―前途は実に洋々たり」を発表、今後の日本は科学立国として再建すべきを提唱した。科学立国については、振り返って石橋の「先見の明」を見ざるを得ない。

こうした持論は、じつは最愛の次男を太平洋戦争さなかの昭和19（1944）年2月マーシャル群島で戦死させたことで、確かなものとなったようであった。石橋はその息子の死に直面した際、慟哭をまじえて次の一句を詠んでいる。

「此の戦い、いかに終わるか。汝が死をば、父が代わりて国の為に生かさん」

自らの経済理論を実践すべく政界に身を投じた石橋のなかには、もう一つ息子の死を、以後の平和国家へつながなくてはの強い思いがあったということである。

退陣後、病気の快復した石橋は、中国を訪問、周恩来総理との面会を果たすなど、総理就任時に掲げた「日中友好促進」に汗をかいた。昭和47（1972）年、田中角栄内閣時に日中国交正常化が成ると、翌年4月、すべてのエネルギーを使い果たしたようにこの世を去った。88歳であった。

石橋のトップリーダーとしての実績を問えば、政権在任期間が短いゆえ、その真価を問うことは不可能だ。しかし、例えば己の信念は譲らなかったこと、退陣には未練を残すのが常の権力社会のなかで、自ら潔く決したことは評価できる。「引き際」の範を示したということである。

出処進退のとりわけ「退」のあり方を見れば、どの組織でもおおむねそのリーダーの器量は見えてくるものなのである。

掲げた「日中友好促進」「1千億円減税」という当時としてその2大政策は、惜しむらく政権としては推進できず、総理としての採点は不能とさせて頂きたい。

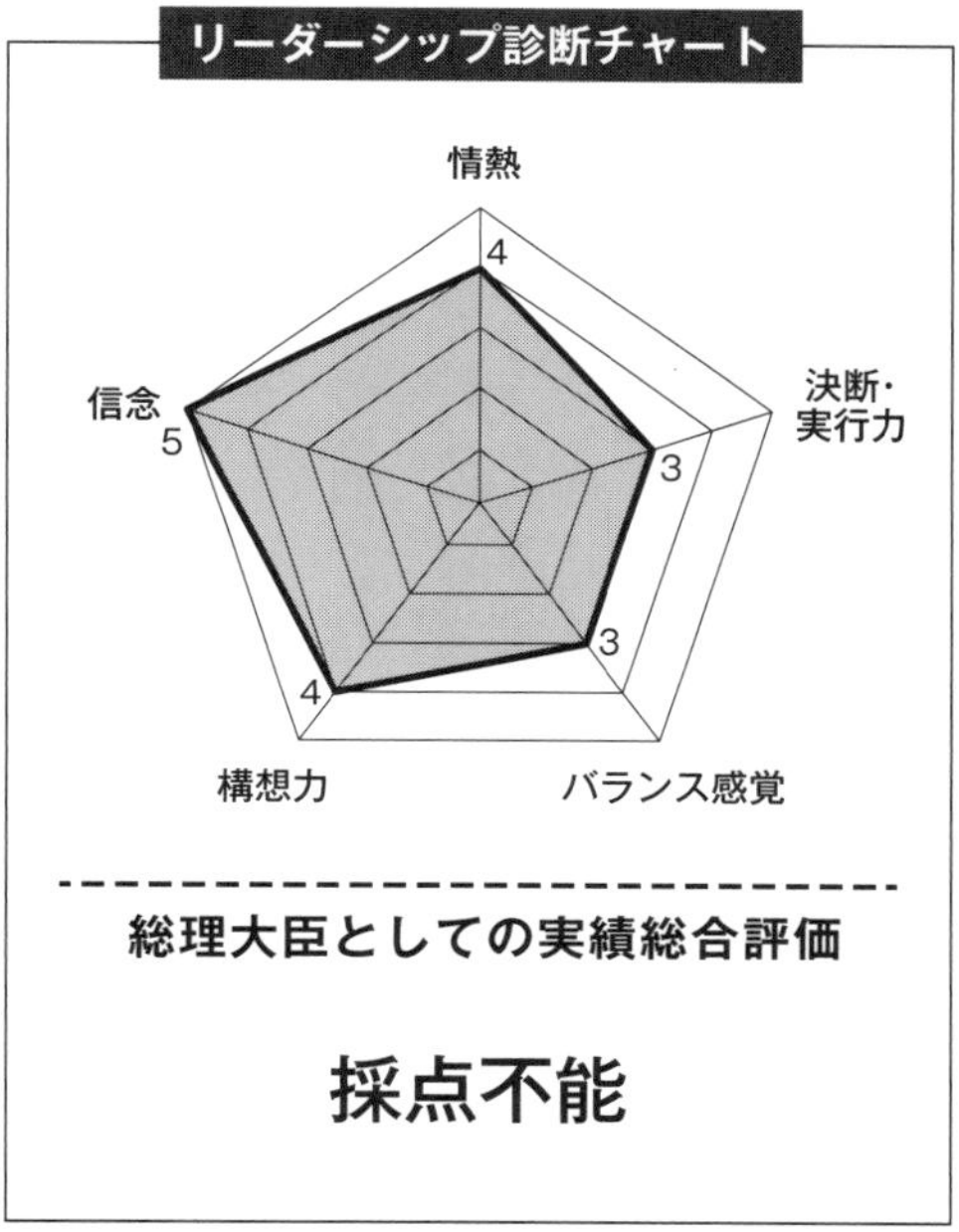

第37代 岸《きし》 信《のぶ》 介《すけ》

明治29（1896）年11月13日、山口県生まれ。第一高等学校入学後、養子先の岸に改姓。A級戦犯容疑で逮捕、巣鴨拘置所収容・釈放。公職追放・解除後、改憲を目指す「日本再建連盟」会長。昭和32（1957）年2月、60歳で総理就任。昭和62（1987）年8月7日、90歳で死去。
総理大臣歴：1957年2月25日〜1960年7月19日

肝のすわりは屈指の「昭和の妖怪」

戦後最初の総理大臣だった鈴木貫太郎から今日の岸田文雄まで36人のトップリーダーがいるなかで、ことリーダーシップの強さと巧みさを問えば、それぞれ手法は違うがこの岸信介は「5指」に入る。筆者は他に吉田茂、佐藤栄作、田中角栄、中曽根康弘を挙げている。

さて、世評、毀誉褒貶《きよほうへん》の多かった岸については、魑魅魍魎《ちみもうりょう》の政界を権謀術数で渡ってきた側面が強調されることが多いが、論理的な政策処理能力、持ち前の肝《はら》のすわり、そして何より信念に基づく明確な国家戦略を持ち得ていた人物だったということはできる。好き嫌いは、別である。

それは、長く戦後日本の「保守」「革新」の対立軸となった米国との「60年安保」と言われた新安全保障条約の推進、また経済の高度成長を軌道に乗せることになる「ポスト岸」の池田勇人内閣の基盤をつくったことにも表れている。「タカ派」代表としての批判は別にしても、少なくとも一国のリーダーとして、岸の国家、国民に責任を持とうという姿勢については、ブレはなかった。

岸内閣は前任総理の石橋湛山《たんざん》が病気によって内閣総辞職したことで、石橋内閣の外務大臣だった岸が引き継いだ形でスタートした。岸はパージ（公職追放）が解除となったのを機に衆院で議席を持ち、それからわずか4年足らずという異例のスピードで政権の座にすわった。昭和32（1957）年2月である。

その第1次内閣での岸は、まず反共姿勢を明確にし、日本が積極的な自由主義陣営の一員として行動することを表明した。これは米国に極東における同盟国として日本の役割を認めさせ、それまでの不平等な旧日米安全保障条約を日米双務的に改めること、すなわち「日米の新時代」と国家のアイデンティティーを明確にすべきとの意味であったと思われる。

一方、第2次内閣では、内政とりわけ「警察官職務執行法（警職法）」の改正問題に直面した。これは労働争議の〝暴力化〟を防ぐのが狙いだったが、職務質問など警察官の権限が大幅に強められるものであったことにより、社会党などから「デートもできない警職法」の声を挙げられた。世論もまたこうした声に大きく同調、ためにこの改正案は廃案を余儀なくされることになっている。

しかし、岸にとってこの警職法改正案の不成立の苦渋が、むしろ新安保条約成立に政治生命をかけなければのエネルギーになったようではあった。

◆あの笹川良一も仰天した「巣鴨」でのエピソード

その岸信介は、東京帝国大学法学部を首席で卒業したが、あえて官僚の「本流」である大蔵省や内務省に入らず、農商務省に入っている。

すでに、学生時代にして、以後の日本の課題が産業の興隆いかんにかかることを読んでいたということのようであった。

こうした俊才は、農商務省で確実に頭角を現し、出向先の「満州国」では、合理化と官民協同による産業育成を成功させてみせるなどの手腕を発揮、ついにはその後改組された商工省の次官にまで上り詰めたものであった。

とくに、その頭脳明晰ぶり、キレ味は満州国あるいは国内の政財官界に知れわたっていた。「満州国産業開発5カ年計画」の立案を手がけたのが白眉で、満州では「ニキ三スケ」として知られていた。これは関東軍参謀長の東条英機、大蔵省から派遣された星野直樹、満鉄総裁の松岡洋右、「日産」の鮎川義介の5人の満州国を動かした実力者たちで、岸はそのなかで最年少だった。

一方、岸は法案などの行政事務では相手かまわずケンカを売り、ことごとく論破しては相手を沈黙させるのをトクイとした。岸が商工省次官当時の近衛文麿《このえふみまろ》内閣の小林一三《いちぞう》商工大臣などは、この岸次官に完全に一目置き、「ケンカ名人の君と議論するのはもうイヤだ」と、そのキレ味にはホトホト参ったとの話が残っている。

しかし、岸は戦時中の東条英機首相にもその秀才ぶりを買われ、東条内閣末期の国務大臣兼軍需次官にも引き上げられている。しかし、戦後、この東条内閣でのこのポストがアダとなり、A級戦犯として逮捕、巣鴨拘置所入りを余儀なくされた。岸は3年3カ月余をこの「巣鴨」で過ごしたのち、不起訴として釈放されたが、同時にパージ「公職追放」にも引っかかったのである。

一方で、この「巣鴨」体験は、のちのトップリーダーとしての岸の政治的信念をいやが上にも強固なものにしていった出来事だったとされる。新日米安保条約締結への確信も、「巣鴨」での獄中にあってなお、信念の揺るがぬ実力者たちとの接触の中で得たとされているのである。

ちなみに、岸をよく知る政界関係者の一人は、かつて岸の「巣鴨」でのこんなエピソードを筆者に語ってくれたことがある。

「やはり〝巣鴨〟入りしていた笹川良一（元・日本船舶振興会会長）と岸は、昼の休憩時間に雑談したときがあった。時に岸は50歳に手が届いていたが、『どうも夢精してかなわんのだ』と言い、こちらも豪胆で鳴っていた笹川をアキレさせた。明日の命が分からぬ身で夢精とは、岸がいかにハラがすわった人物かが分かる」

「巣鴨」釈放、パージ解除を待った岸は、待ってましたとばかり「日本再建連盟」を結成して会長におさまり、憲法改正と反共政策を提唱した。しかし岸にとって本来の目標だったこの憲法改正は、新日米安保条約成立過程での国論二分の混乱の中で、手をつけるすべはまったくなかったのだった。

◆「覚悟はできている」

岸信介が政治生命を賭けた新日米安全保障条約は、昭和35（1960）年1月19日、日米間で旧安保条約を改定、調印された。条約批准に向けての承認案審議の通常国会は、戦後最も与野党が緊迫感を持って臨んだそれと言えた。

岸総理はというと、例によってソツのない答弁を繰り返し、野党からは「八方美人」「両岸」「五岸」などとヤユされた。しかし、自民党は国会終盤の5月20日、野党第一党の社会党らの反対を押し切り、衆院の安保特別委で審議中に強行採決、本会議も同様の強行採決のうえ衆院を通過させた。条約の承認は「衆院の優越」という憲法の規定により、衆院通過後30日経てば参院の議決を経なくても「自然成立」することから、あとは新条約の批准を待つばかりとなったのだった。

ちなみに、この承認案成立へ〝暗躍〟したのが、当時42歳の自民党副幹事長の田中角栄であった。自民党の秘書団を総動員、野党により国会の電源が切られた場合に備えて別の電源を用意するなど、陰の立て役者でもあったのだった。

しかし、この法案成立過程があまりの強引さであったことなども含めて世論が一気に硬化、連日、首相官邸、国会周辺などで、全学連など学生や労働者が中心となっての「岸内閣打倒」スローガンのデモが続いた。また、新安保条約が自然成立となる日の6月19日から5日間の予定で訪日することになっていたアイゼンハワー米大統領の先遣隊として来日した側近のハガチーがデモ隊に包囲されて羽田空港で足止めとなり、一方で国会突入を巡って学生デモ隊と警官隊が衝突、東大生・樺美智子が死亡するなど、物情騒然とした日々が続いたのであった。

例えば、その国会突入の際の6月15日の「ラジオ関東（現・ラジオ日本）」は、深夜の2時過ぎまで次のような現場中継をしている。アナウンサーの声は、いかに緊迫、騒然とした状態だったかを伝えている。

「こちら現場のFMカー。先程から雨が横なぐりに降り続いています。いま目前で警官が突進しました。棍棒を振り上げています。あっ、いま私は首をつかまれました。放送中ではありますが、警官隊が私の頭を殴りました。（涙声で）あっ、『おまえ、何してるんだ』と私の首っ玉をつかまえましたッ。『検挙しろ、検挙しろ』と（警官が）向こうのほうで言っています。これが現状であります。凄い暴力です。この状態、法律も秩序も、何もありません。ただ憎しみのみ。怒りに燃えている警官と、そして学生たちの憎しみあるのみ……」（『週刊朝日』昭和35年7月3日号・誌上録音より）

結局、アイゼンハワーの訪日も直前で中止となり、こうした中で6月19日の新安保条約の自然成立の日を迎えたのだった。

さて、この日の岸の過ごし方に、その豪胆なハラのすわりぶりが表れていた。当時を取材していた政治部記者のこんな証言がある。

「6月19日、国会周辺などに約30万人の群衆が抗議のため押し寄せていた。とくに首相官邸はデモ隊にいつ襲われるかの雰囲気があり、身の危険を感じた閣僚、自民党幹部、岸の側近などは、次々に官邸から抜け出してしまった。官邸に残った国会議員は、岸とその実弟の佐藤栄作（のちに総理）だけ。二人で、黙ってブランデーを飲んだそうだ。当時の小倉謙警視総監も『総理、官邸の警備に自信が持てませんので退却を』と願い出たが、岸は言ったとされる。『オレは殺されようが動く気はない。覚悟はできている』と。午前零時の自然成立をまんじりともせず待った。その後、午前6時を過ぎて、ようやく渋谷区南平台の私邸に戻った」

結果、自然成立から3日後の6月22日に新条約の批准書が交換され、岸はそれを見届けた翌23日、退陣を表明した。「日米修好１００年」も記念してのアイゼンハワー米大統領の招請が、キャンセルに追い込まれた責任も一緒に取る形であった。一方で、その退陣劇は、戦前の強権主義を踏襲、墓穴を掘ったと言えなくもなかった。

◆「わしは陰謀家ならず。〝陽謀家〟である」

その後の岸は後継の自民党総裁に池田勇人が選出されたあとの7月14日、首相官邸でのその祝賀会で自ら万歳三唱を唱えたあと、暴漢に左太腿を刺された。翌15日、池田が首班指名を受けたのを見届け、正式に内閣を総辞職したのであった。時に63歳だった。

しかし、退陣後も〝生臭さ〟は一向に取れず、総辞職から早や1カ月も経たないうちに外遊で海外の要人と会談するなども含め、なお政界への影響力を保持し続けた。それは、昭和53年8月、81歳で政界を正式引退するまで続いたのだった。

かくて、飛び切りの秀才官僚から国論二分の新安保条約成立に挑んだ「昭和の妖怪」は、満90歳をもって鬼籍に入った。

生前、長寿の秘訣を問われると、「風邪をひかず、転ばず、義理を欠くことだ」とケロリ、「日本の新聞は読まんよ。読むのはスポーツ紙だけだ。スポーツ紙だけが本当のことを書いている」「私を陰謀家と言う人がいるが違う。〝陽謀家〟である」と周囲をケムにも巻き続けたのであった。

ちなみに、岸の「書」には、「力強く味がある一級品」との折り紙がついていた。どこで上手くなったのかと問うと、「〝巣鴨〟の獄中で腕を磨いた」とこちらもケロリであった。ここでも、ハラのすわりがのぞけたのだった。

総理としての実績は、異論もあろうが、8点とした。新安保条約成立への国論二分の混乱も、信念と度胸を評価しつつということである。

のちに戦前の桂太郎総理の通算在位日数を超えて3188日の歴代総理最長となった故安倍晋三は、岸の孫にあたる。また、晋三の父・安倍晋太郎は、岸の長女・洋子の女婿である。その晋太郎は「総理の器」と言われたが惜しむらく病魔に倒れ、夢を果たせなかった。息子の晋三がそれを果たした形になっている。

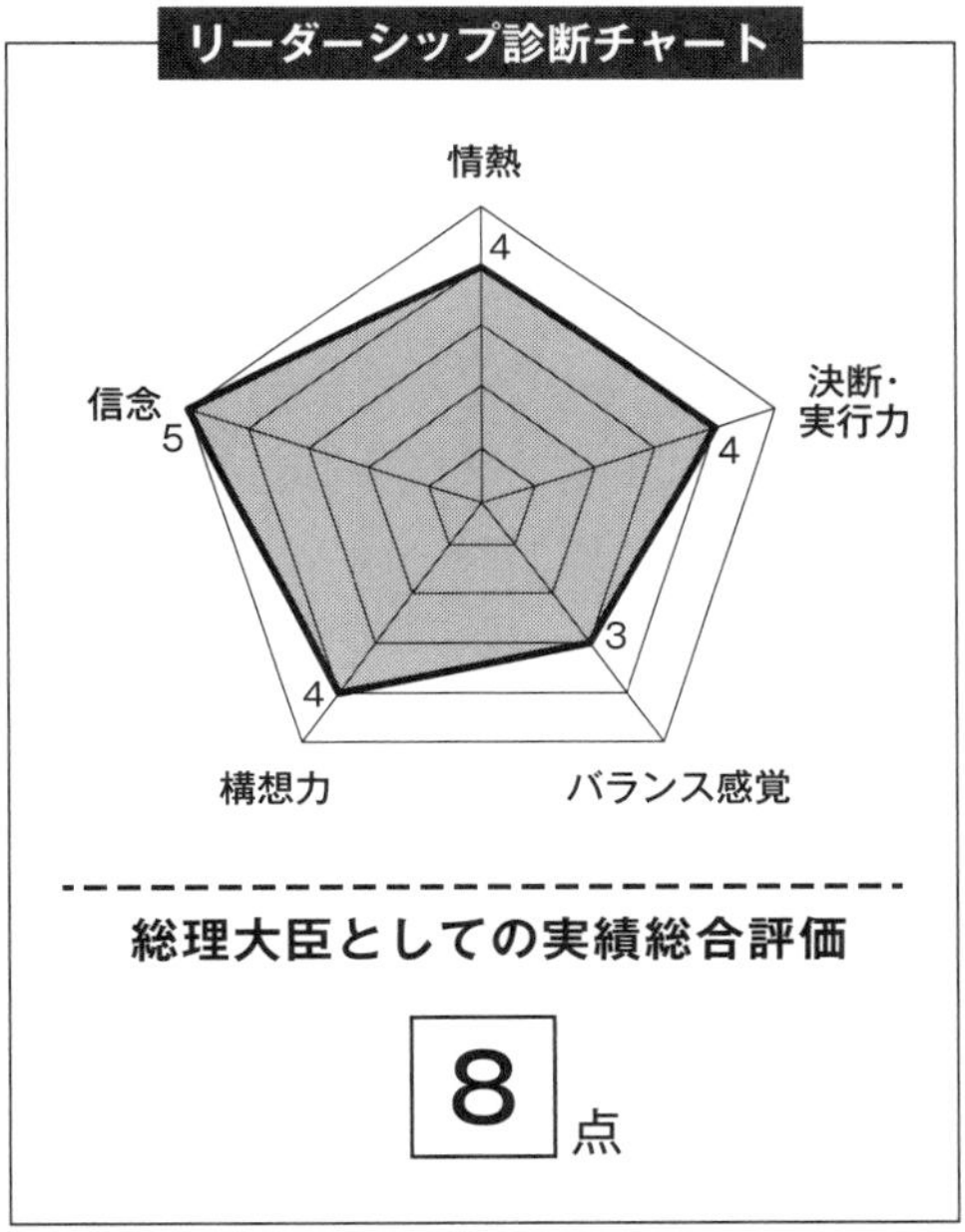

第38代
池《いけ》田《だ》勇《はや》人《と》

明治32年（１８９９）年12月3日、広島県生まれ。京都帝国大学法学部卒業後、大蔵省入省。難病を得て求職。復職後、大蔵次官。議員１年生にして、蔵相。昭和35年7月第１次内閣組織。総理就任時59歳。昭和40（１９６５）年8月13日、ガンのため死去。享年65。

総理大臣歴：１９６０年7月19日〜１９６４年11月9日

「寛容と忍耐」で突き進んだ経済大国への道

前任の岸信介が、物情騒然の中で日米新安全保障条約を成立させたのと引き替えに退陣したあと、第２次岸内閣で通商産業大臣だったこの池田勇人が、自民党総裁選を制して総理大臣のイスに座った。昭和35（１９６０）年7月である。

池田は内閣のスタートにあたってあえて「低姿勢」を強調、併せて「寛容と忍耐」をモットーに、その目配りを「世論七分、党（自民党）三分」に置いたのだった。

振り返れば、池田より遥かに秀才として聞こえた岸は、あえて経済を捨て、憲法改正への強い思いも胸にしまい、世論を二分させても「日米新安保」を強行させるといった〝政治の季節〟を残して退陣した。ために、池田はこのうえは人心掌握には経済しかないと割り切り、「所得倍増計画」を前面に出して経済成長を最優先、高度経済成長時代を演出することにハラをくくったのだった。

また、経済にカジを切ったもう一つの理由に、岸政権で決定的となった野党との政治対決を、極力、修復せざるを得ないという事情もあった。経済を争点とするなら、与野党の決定的対決とはならず、そのことによる「所得倍増計画」の推進の可能性も読んだということであった。

一方、「所得倍増計画」に対しては、「池田はウソは申しません。経済のことは、この池田にお任せ下さい」とのテレビCMまで流し、当初、3年間の9％成長率で、10年後には国民所得を倍増できるとの自信を示した。結果的には、倍増計画は10年を待たず、幸運にも7年目の昭和42（1967）年に達成されている。戦後日本の経済の発展は、ここを起点に突っ走ることになったということである。

そうした中で、池田は外交にも経済を持ち込んだ。それまでの日本のトップリーダーは、首脳外交で経済を議論することはほとんどなかった。しかし、例えば欧州歴訪の折のドゴール仏大統領との会談では、日本製品の海外進出に熱弁を振るい、ドゴールをして「トランジスタの商人のようだ」と皮肉られた。日本のトランジスタ・ラジオは、すでに世界に知られた製品だったのである。

池田政権は、その後、都合4年3カ月をまっとうすることになるのだが、この間、池田は一貫して経済大国への道を模索し続けたものだ。

米国のケネディ大統領とは、日米合同委員会を設置、経済全般の日米協力体制の構築に取り組んだ。また、中国とは政経分離とする一方で、日中貿易を模索する一歩としての「LT貿易」を開始した。さらには、昭和39（1964）年には「IMF（国際通貨基金）八条国」への移行、「OECD（経済協力開発機構）」への加盟を達成、いわゆる先進国への仲間入りを果たすことに成功した。戦前のアジアの政治大国が、敗戦を経てこんどは経済大国として甦ることができたのは、池田の功績と言ってよかったのである。

◆吉田茂に目をつけられた「出世魚」

さて、この池田勇人、一方で人間的魅力で求心力を高めた「野人宰相」とも言えた。どこか憎めぬヤンチャな言動、剛直と楽天、稚気豊か、明るく開けっ広げな性格、しかし一方で繊細さと優しさが同居、これに人材が集まったのだった。

政権スタート時の政策運営のブレーンには、のちに総理となる大平正芳、宮澤喜一の両秘書官、自民党幹事長をやった前尾繁三郎、内閣官房長官をやった黒金泰美らの池田と同じ大蔵省（現・財務省）出身が中枢を固め、党人派でやはりのちに総理となる鈴木善幸もまた取り巻きの一人であった。

また、下村治、高橋亀吉といった一級の経済学者が脇を固め、財界からも「四天王」と呼ばれた小林中《あたる》、桜田武、水野成夫《しげお》、永野重雄が日本の経済的復興を池田に託して支援を惜しまなかった。

こうした池田の人間的魅力は、どうやら池田の生い立ち、環境が育んだようでもあった。

池田は何一つ不自由のない広島県竹原の酒造家に生まれ、旧制五高から京都帝国大学法学部を経、大蔵省に入っている。バンカラな校風の五高時代には、仕送りが潤沢なのをいいことに仲間を料理屋に誘って飲めや歌えの大盤振る舞い、時に自ら屋台を引き、タダで一杯飲めるし、ヒト儲けもたくらんだのだが、「どう、食べていかない」などと女学生などに声をかけると、皆、怖がっていっせいに逃げてしまうなどなんとも自由奔放な生活を送っていたのだった。

また、池田の次の総理となる佐藤栄作は五高の同期だが、二人とも一高を受けて不合格、当時の制度により五高に回されたという経緯がある。佐藤はこれを甘受したが、池田は翌年もう一度、一高に挑戦して失敗、結局五高に入学したのだった。ために、五高卒業は池田が佐藤より1年遅れとなっている。

その後、京大から大蔵省に入った池田だったが、ここで大きな挫折を味わうことになる。伯爵の娘と結婚、順調な官僚生活に入ったが、栃木県の宇都宮税務署長のとき全身からウミが吹き出すという難病にかかり、妻を看病疲れで失ったあげく、自らも退官を余儀なくされるのだった。その後、母親、親戚の娘だった大貫満枝の必死の看病で難病は奇跡的な回復を見せ、この満枝と再婚するとともに大蔵省に復帰を果たすことになるのである。

放埒な学生時代、自らの難病と妻の死、そして余儀なくされた大蔵省退官というこれ以上ない絶望感、そして持ち前の明るい性格の中で、池田の人に好かれるという人間的魅力は磨かれていったようである。

その池田を買ったのが、時の最高権力者・吉田茂総理であった。吉田の目に止まったことで、以後、池田は「出世魚」の異名を得るのである。

復職した大蔵省を事務次官で退職したあと政界入りした1年生代議士の池田を、吉田はなんと一気に大蔵大臣にしてしまったのであった。

◆とてつもない「強運」の持ち主

池田内閣が進めた「所得倍増計画」は、当初目標の10年を経ずして、昭和43（1968）年の7年目にして達成された。弾みのついた経済の高度成長は、次の佐藤栄作政権の中期に熟成を見、これは昭和48（1973）年秋の「オイル・ショック」まで続くことになる。

池田内閣を支え続けた大蔵省の後輩二人の、なぜ「所得倍増計画」が成功したのかについて、こんな述懐がある。

「あの頃の日本の置かれた状況で、日本人が持つ知識に、労働、技術、貯蓄力をうまく活用していけば、10年間に実質所得が倍にならないはずがないという思いがあった。言うならば政治より経済、花より団子に国民の意識を振り向ける一つの契機になった政策だった」（池田内閣で外相、官房長官の大平正芳）

「（池田は）世間からは剛球投手と思われていた。しかし、たくらんで強引に推し進めたということでなく、一つは岸さんが退いて世の中が静かになり、一種の〝おこり〟が落ちたような感じだった。だから、政治的な面ではフォローアップは必要ないというか、一種の虚無感みたいな状態だった。これが、池田さんがスッと所得倍増のほうへ入っていけ、そのまま走ることができたゆえんだ」（池田内閣で経済企画庁長官の宮澤喜一）

振り返れば、池田勇人という人物は、とてつもない「強運」の持ち主だった。自ら抱えた不治の病とされた難病と妻の死、余儀なくされた大蔵省退官という人生のドン底から、奇跡の復活を果たしたからであった。その背景は、いくつか窺える。

その最も大きな要因は、時の実力者だった吉田茂との出会いであった。

池田は大蔵省復職のチャンスを得ると、ナニクソ精神で徹底的に「税」を勉強、大蔵省に「池田あり」で知られるとともに、主流の主計局長からでなく、〝回り道組〟に加えて異例の主税局長から次官にのぼり詰めた。行政能力に、吉田の目が止まったということだった。これに合わせ、吉田は役人にしては珍しく性格が豪放磊落、誰にも好かれる明るい性格を買ったようであった。

ために、吉田は1年生代議士の池田を大蔵大臣に大抜擢もし、自らの政権下では通産大臣、自民党政調会長、さらには幹事長と、次々と要職に就けたのだった。当時、周囲の羨望、嫉妬を交えて、池田についた異名は「出世魚」、ブリという魚がワカシ、イナダ、ワラサと生育の中で呼び名を変え、やがて高級魚のブリに成長することになぞらえたものだった。

こうした「出世魚」は、勢いに乗じた形で天下取りまで目指した。ために、日本政界初の「宏池会」と名付けた派閥を結成、吉田茂の「保守本流」政治の後継者たらんとの意気込みに燃えるのだった。ちなみに、やはり吉田がかわいがった佐藤栄作もその後「周山会」と名乗る派閥を結成、「保守本流」のバトンを受け継ぐ者として「ポスト池田」への意欲を高めたものである。

そうした池田の野望は、前任の岸信介総理の退陣を受けて実現した。政権を担った池田は、茶目っ気たっぷり、開き直りと自信を示して言ったものだ。

「私をおいて総理をやる人物はいないのではないか」

しかし、その政権は、当初、短命視もされたものだが、結局4年3カ月をまっとうする長期政権となった。ところが、まさに好事魔多し、政権は突然、舞台の暗転を迎えることになる。

◆五輪聖火が消えるのを待っての「劇的退陣演出」

酒豪、ヘビー・スモーカーだった池田勇人に喉の異変があり、これがやがて癌と診断され、政権の激務に耐えられないところに至ったからだった。

酒もタバコも旧制高校時代からで、例えば酒は総理になった頃が〝ピーク〟だった。まずビールをグラス2杯、次いで郷里・広島の銘酒「賀茂鶴」を2、3合、さらにウイスキーのハイボールを2、3杯空けた後、ブランデーで〆るというものだった。

これがほぼ毎日で、酔えば持ち前のガラガラ声で、周囲に♪花もォ、嵐もォ、踏み越えてェ〜と「愛染かつら」を聞かせるのが〝定番〟だった。時に、自ら歌詞の情感に涙するなどの、義理人情に弱い男でもあった。そんな人柄も、周囲から愛され、人が集まった要因であった。

退陣の「首相談話」は、昭和39（1964）年10月24日の東京五輪の閉会日の翌25日に設定、発表された。これは、側近の大平正芳による「聖火の消えるのを待って政権も去る」というドラマチックな演出ということであった。

退陣後、国立がんセンターに入院、治療を受けていた池田は、自ら後継に指名した佐藤栄作の内閣発足初の臨時国会所信表明演説をテレビで見ながら、こう舌打ちをした。

「あれじゃダメだ。佐藤君は勉強しておらんなぁ。まったくなってない」

その翌40年8月13日、根治手術のかいなく死去した。

戦後総理の中で、闘病生活なども含め、最も波乱に富んだ人生を送った一人が池田であった。「開き直り」の人生でもあった。妻・満枝は「池田はやりたいことをやらせて頂きました。心置きなくあの世に旅立ったものと思っています」と、葬儀の場で頭を下げたのであった。戦後日本が新たな針路を求め、あがき続けた中での「所得倍増計画」という池田の大仕事が終わったということであった。

池田が退陣した直後のフランス「ル・モンド」紙は、こう報じた。

「池田氏は1960年代における日本の反米エネルギーを、経済問題に向かせることに成功した。池田氏の政権後半になって経済成長の過熱が問題になってきたが、池田氏の最大の功績は、日本国民に対して日本は豊かな社会を実現できる能力があることを教えたことにある」

のちの「経済大国」へのレールを敷いた功績を評価、8点としたい。

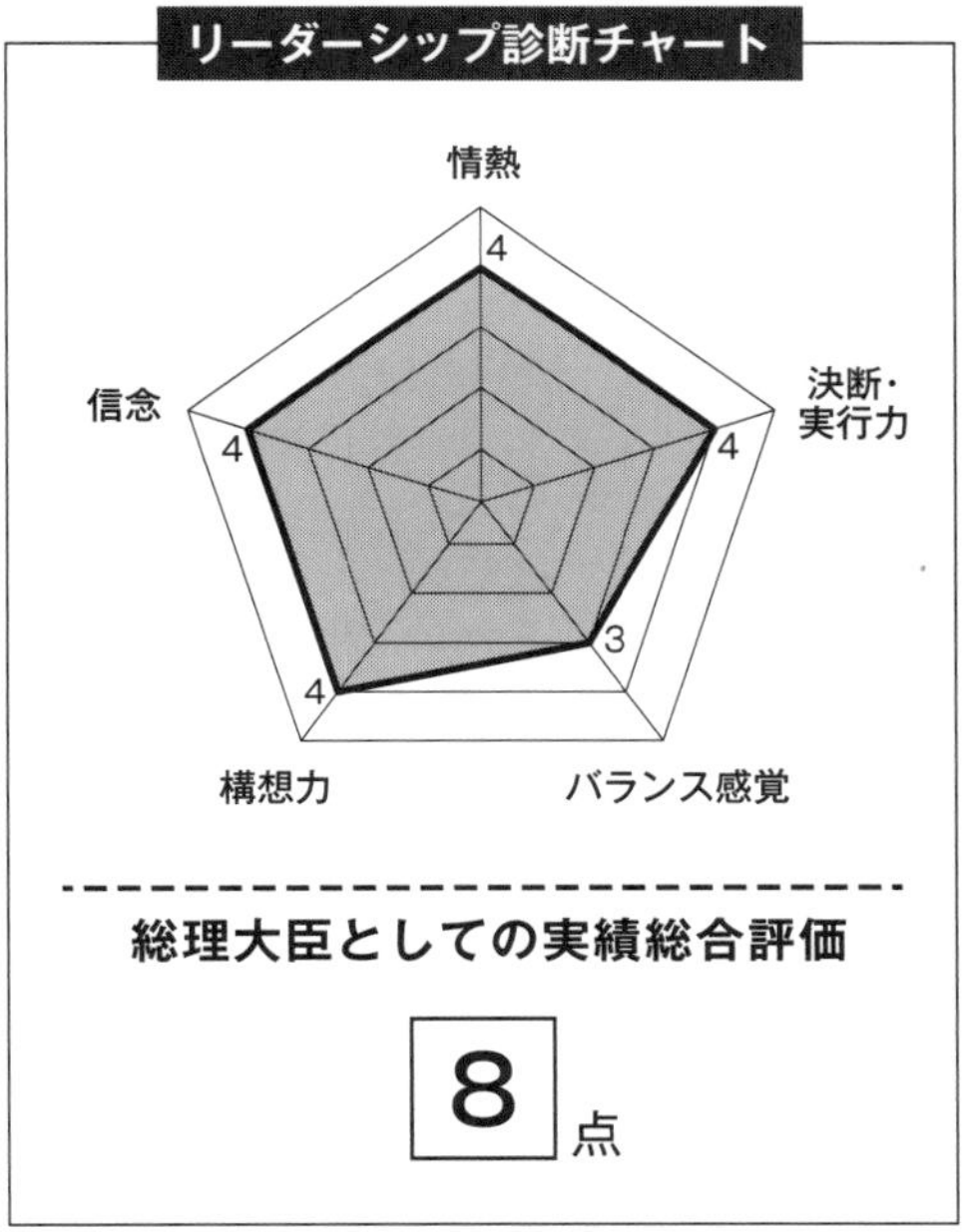

第39代 佐《さ》藤《とう》栄《えい》作《さく》

「待ちの政治」と執念で実現させた「沖縄返還」

明治34（1901）年3月27日、山口県生まれ。東京帝国大学法学部卒業後、鉄道省入省。ノーバッジで第2次吉田内閣官房長官。昭和39（1964）年11月第1次内閣組織。総理就任時63歳。沖縄返還協定調印。昭和50（1975）年6月3日、脳卒中で死去。享年74。
総理大臣歴：1964年11月9日～1972年7月7日

やがて安倍晋三に抜かれるまで、総理としての連続在任期間7年8カ月のレコード・ホルダーが佐藤栄作であった。

佐藤は前任の池田勇人とともに、戦後政界の「ドン」的存在だった吉田茂元総理の、いわゆる「保守本流」を自任する政治家の集まりである「吉田学校」の優等生であった。池田はガンの病魔に冒され、再起が難しい中で、後継にこの〝同じ仲間〟としての佐藤を指名したということだった。

佐藤のリーダーシップの根源は、異名でもあった「黙々栄作」という言葉に表れている。すなわち、政権発足から半年余が過ぎた頃の記者会見での「人間は口は一つ、耳は二つだ」にあるように、まず自分が乗り出すのではなく、相手の話、主張に耳を貸し、そのうえで判断、その後に動くという徹底した「待ちの政治」にあった。これはまた、人の話を聞くことで情報も多く集まり、一方で「早耳の栄作」との異名もあったのである。

佐藤は昭和39（1964）年11月、政権を担うと、「沖縄の祖国復帰が実現しない限り、わが国にとっての戦後は終わらないと承知している」と、「沖縄返還」を自らの政権が目指す戦後の懸案処理であると高く掲げた。それからじつに7年余をかけ、時期の到来を待ったのである。

さて、7年8カ月に及んだ佐藤政権は第3次内閣まであったが、「待ちの政治」が結実を見せ始めるのは、昭和44年半ばの第2次内閣の後半からであった。ちなみに、筆者はこの年12月の総選挙から本格的な永田町取材を始めている。さて、佐藤は政権発足からの3年余は、まずはじっくり政策推進のための政権基盤づくりに充て、態勢が固まったところでいよいよミコシを上げたということであった。

もっとも、他の政策はともかく、「沖縄返還」についてだけは、政権発足から1年足らずの間に、すでに具体的な〝アヒルの水かき〟を始めていた。時に名秘書官とも言われた楠田実が先頭に立ち、優秀な若手官僚、新聞記者、あるいは大学教授などをピックアップ、佐藤のSの頭文字をつけた「Sオペレーション」なる情報交換の場をつくっていたのだった。

結局、「沖縄返還」は次のような経緯をたどりながら、昭和47（1972）年5月15日に施政権ともどもの返還となった。

昭和42年秋、訪米した佐藤はジョンソン大統領との間で、「両3年以内」の返還時期を決定する。その後、大統領がニクソンに代わったあとの44年5月、ニクソンとの間で返還後に残す沖縄米軍基地の機能を、「核抜き・本土並み」と確認した。その上で、その年の11月佐藤・ニクソン会談ですでに返還されていた小笠原諸島に次ぐ沖縄の「昭和47年」返還が共同声明に盛られるという形で返還実現に至ったということだった。米国ワシントンにおける返還式典当日は、東京との間でテレビの二元中継となり、ニクソンと並ぶ佐藤の晴れがましい姿が東京でのテレビ画面で見られたものだった。ちなみに、この返還、振り返って吉田茂が講和条約であえて返還に踏み込まずに〝現状凍結〟とした布石が、のちに愛弟子・佐藤のもとで生きたということでもあった。吉田のその後の日米関係の推移をにらんだ読み、洞察力が、返還への道筋をつくったとも言えたのである。

◆岸・佐藤兄弟「骨肉の争い」

その佐藤は、幼少時代は〝劣等生〟であった。小学校は入学時130人中、じつに127番だったというから、幼くして飛び切りの秀才だった実兄の岸信介元総理とは、だいぶ違うのである。

しかし、なかなかの努力家で、旧制山口中学に入っての1年1学期の成績では全校で18番、しかし卒業後は、旧制一高には入れず、熊本の五高に回されている。

また、その五高では入試の際、同じ受験生に池田勇人がおり、泊まった宿が一緒だったという奇縁がある。その後、五高から佐藤は東大へ、池田は京大へ、卒業後は佐藤は鉄道省、池田は大蔵省へ進み、共に吉田茂の知遇を得たのだから、改めて両人なかなかの「強運」の持ち主と言ってよかったのである。

なぜなら、池田は大蔵省事務官から政界入りすると吉田に目をかけられ、代議士1年生にして大蔵大臣のポストに就き、佐藤はと言えば、やはり政界入り後、自由党の幹事長時代に「造船疑獄」に引っかかり、やはり吉田のサシガネによる時の犬養健法務大臣の「指揮権発動」で、からくも逮捕をまぬがれたからでもあった。この吉田の〝助け舟〟がなかったら、のちに長期政権のうえで「沖縄返還」を成し遂げることになる佐藤は、存在しなかったと言っていいのである。

ちなみに、岸・佐藤の兄弟は中選挙区時代の〈山口2区〉で、長らく血で血を洗う「骨肉の争い」も演じている。とくに佐藤が「造船疑獄」に引っかかった直後の昭和30（1955）年2月の総選挙は、凄まじい争いとなった。かつてそれを取材した政治部記者の、次のような証言が残っている。

「時に、鳩山一郎内閣。岸は鳩山率いる民主党、対して佐藤は吉田茂率いる自由党で、保守系の主導権争いを演じた関係にあった。とくに、佐藤にとっては厳しい選挙だった。野党からの攻撃の一方で、同じ保守系の岸陣営からも、『われわれの郷里から汚職者を出して申し訳ありません』などとやられ、大苦戦に陥った。佐藤の妻・寛子も寒風の下、心痛からガリガリにやせ細って、連日、選挙区内を泣き歩いていた。投票日の1週間前、吉田総理が応援に入ってくれ、『佐藤君は潔白。党のために犠牲になったのだ』などと演説、これが功を奏した感じで、佐藤はからくも落選をまぬがれた」

こうした兄弟を、叔父にあたる国際連盟脱退を演じた元外務大臣の松岡洋右《ようすけ》は、「頭脳と才能なら岸、人物は佐藤」と評したものであった。

ところがドッコイ、その後「人物の佐藤」は、冷徹極まる佐藤流の人事を繰り出し、これを最大の武器に長期政権体制を構築することになるのだった。

◆佐藤流人事「チェック・アンド・バランス」の絶妙

「黙々栄作」の異名どおり、口数少なく、重心を低くしての長期政権7年8カ月で悲願の

「沖縄返還」を実現させた佐藤栄作のリーダーシップを支えたのは、絶妙極まる佐藤流人事であった。

その人事の基本原理は、「チェック・アンド・バランス」というべきものである。

時に、佐藤体制は、閥務に優れた田中角栄、経済の福田赳夫、権謀術策に長けた軍師・保利茂、忠臣の橋本登美三郎、政策マンとして鳴った愛知揆一の5人によって支えられていた。中で、柱をなしたのは田中、福田、保利の三人であった。佐藤はこの〝三本柱〟を常に「競争」「牽制」「均衡」の中に置き、誰の突出も許さずで、これを巧みに操ったということだった。

例えば、佐藤派の台所（派閥資金）を支え、「日の出の幹事長」とも言われた田中角栄であっても、共和製糖事件などで政府・自民党が大揺れとなると、スパッと田中を交代させた。田中が幹事長ポストで益々、力を付けることは、自分の政権そのものがおびやかさ

れるという事情も手伝ってである。〝出るクギ〟は、事前に抑え込んでしまうのである。

また、「ポスト佐藤」は早くからその田中と福田赳夫との争いとの見方が出ていたが、どちらかに与することはもとよりなく、交互に幹事長にすえ、はずれたほうを閣僚に起用してバランスをとる一方、閣外に置いて相手を牽制させるという手法も取った。

さらに、「ポスト佐藤」に野心のない保利の処遇では、いよいよ田中、福田の争いに拍車がかかってきた佐藤政権末期になって幹事長に起用、田中、福田の〝緩衝地帯〟として機能させ、結局、誰も突出する余地を与えなかったということだった。なんとも、巧緻極まる人事であったのである。

こうして戦後処理としての「沖縄返還」の実現に辿り着いた佐藤であったが、他の政策評価はというと、大きな実績をあげたとは言えなかった。

米国と中国の日本の頭越し接近のいわゆる「ニクソン・ショック」後の事態に対応できず、これは通貨の過剰流動性（余剰資金）をもたらす結果を招き、さらには公害対策、土地政策でも後れをとっている。ここでは、佐藤のもう一つの代名詞でもあった「待ちの政治」が、高度経済成長による時代の急速な変化に対応できなかったとも言えたのだった。

その佐藤は、長期政権の締めくくりで異例の退陣会見を見せた。昭和47（1972）年6月17日である。

日頃から新聞に叩かれ続け、ためか政権末期の内閣支持率も先細りとなっていた佐藤は、会見席上から「新聞は真実を伝えていない。テレビは前に出なさい。国民に、直接、話したい」と、寡黙で知られていた佐藤にしては、珍しくハッキリ物を言ったのだった。テレビのカメラは、前に出なくても望遠が利くのだが、ここでは、長期政権に幕を引く佐藤の気持ちの高ぶりも窺えたのだった。

◆深夜の公邸での孤独なトランプ占い

佐藤退陣後、熾烈な総裁選を経、田中角栄が福田赳夫を破って後継の政権となった。総理の重責から解放された佐藤は、妻・寛子のさしがね、服飾デザイナーの森英恵のアドバイスもあって、当時、流行の長髪にイメージ・チェンジをするなど、政権時とは打って変わった〝自由人〟となっていた。

一方で写経にも熱心で、災害などで犠牲者が多く出たときの供養なども含め、奈良・薬師寺に納めた分だけで約３００巻に達していたのだった。

その佐藤が倒れたのは、ノーベル平和賞を受賞して約半年の政権の座を降りてわずか3年足らずであった。昭和50（１９７５）年5月19日、場所は東京・築地の料亭「新喜楽」。

政財界人が、佐藤を囲んで懇談する「長栄会」の場であった。当時の出席者の一人によれば、倒れたときの様子は次のようであった。

「佐藤さんのそばに（当時、三木武夫内閣副総理兼経企庁長官の）福田赳夫さんがいてね。佐藤さんは、福田さんに、こう言っていた。『君、核防条約は頼むよ。なにしろ、オレはノーベル平和賞だからね』と冗談めかしに言ったあと、トイレに立とうとした。その瞬間、ひっくり返ったんだ。何度か一人で立ちあがろうとしていたが……」

結局、脳内出血による意識不明がそれから16日間続いたあと、6月3日に臨終を迎えた。

筆者は、佐藤が亡くなって5、6年経った頃、寛子夫人に佐藤の知られざる横顔をと、インタビューした思い出がある。夫人は政権時の夫妻揃っての訪米でミニ・スカートを着用して話題を呼ぶなど、ザックバランにしてきぱきした性格の人であった。

「病院にいた16日間は『このへんで死んだら、寛子もあきらめてくれるだろう』との、栄作の精一杯の演技じゃなかったかと思っています。倒れてすぐ死んだら、私は間違いなく気がふれたと思っていましたから。栄作の素顔ですか。〝黙々栄作〟らしく、家庭では私に気をかけてくれる言葉など一つとしてなく、まぁつまらん男でしたよ（笑）。人さまにはとても面倒見のいい涙もろい人情家でしたが。

総理在任中、常々、言っていたのは、『やはり、沖縄が返るまでは（首相を）辞めることはできない』ということでした。総理というのは本当に孤独、公邸の一室で、一人よくトランプ占いをやっていたのを目撃しています。深夜の静まり返った中の一室で、そんな栄作の後ろ姿を見て、ゾッとした思い出もあるんです」

佐藤はこれ慎重、重心を低くしたリーダーシップで、着実に焦土から経済大国へのバトンを渡したという成果を残した。その意味では、政治の責任の極めて大きかった政権をまっとうしたと言える。

佐藤の墓誌に、こんな銘が刻まれている。

「拒まず追わず競わず随わず、縁に従い性に任せ命を信じてなんぞ疑わん」

戦後歴代2位の長期政権、本人しか窺い知れぬそのリーダーシッ

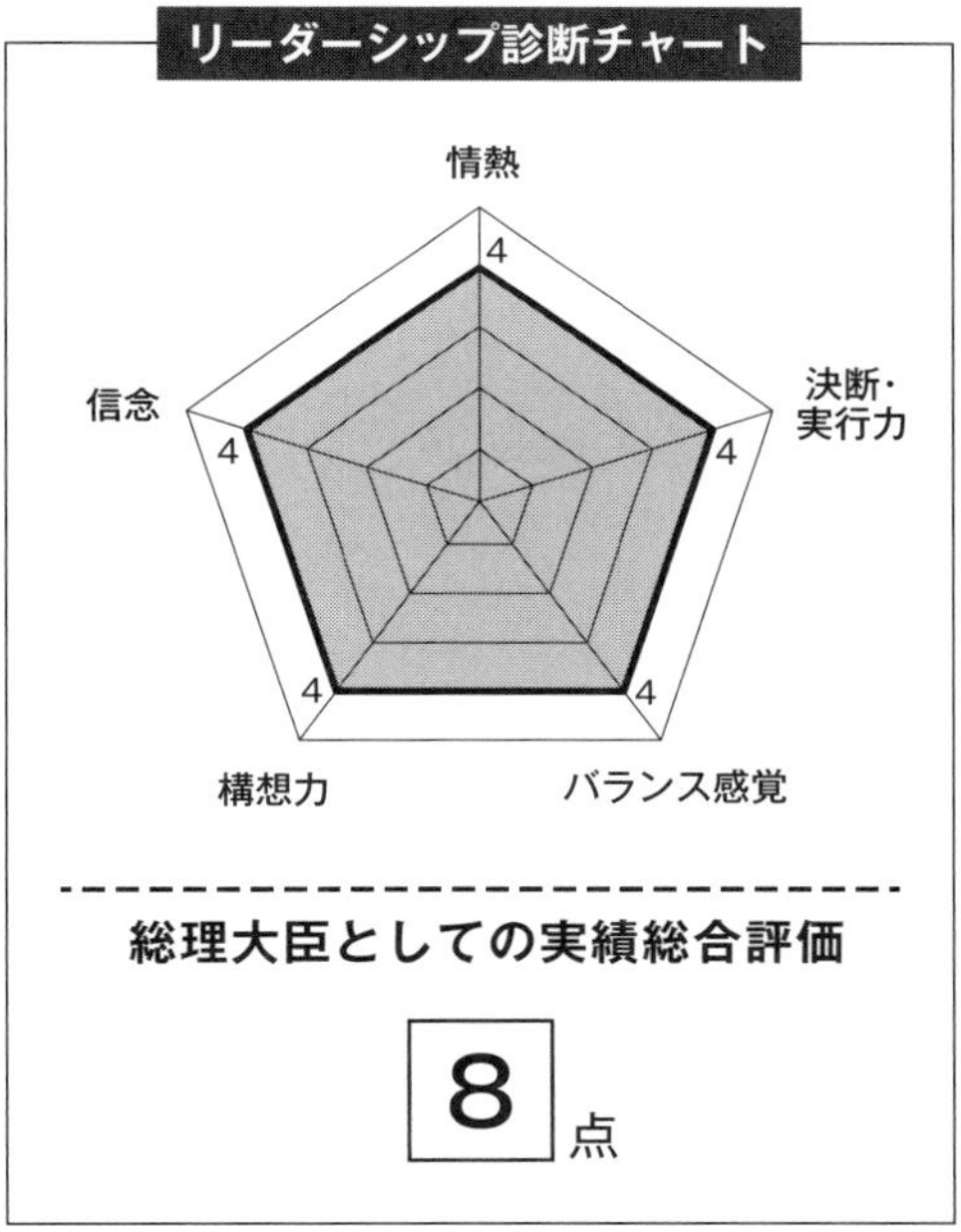

プの深層が知れるようでもある。

執念の「沖縄返還」は実現させたが他に特筆する実績は見当たらない。しかし、戦後歴代2位の長期政権を成し遂げたことに敬意を表して、少し甘いが8点とする。

第40代 田中角栄《たなかかくえい》

大正7（1918）年5月4日、新潟県生まれ。二田《ふただ》尋常高等小学校卒業後、16歳で上京。復員後、田中土建工業設立。昭和47（1972）年7月内閣組織。総理就任時54歳。日中国交正常化を実現。「ロッキード事件」で逮捕。最高裁上告中の平成5（1993）年12月16日、死去。享年75。
総理大臣歴：1972年7月7日〜1974年12月9日

「日本列島改造」に挑んだ人気抜群の庶民宰相

昭和47（1972）年7月誕生した田中角栄内閣は支持率62％、不支持率10％（朝日新聞）という当時としては驚異的な数字を得ての登場だった。

時に、田中は54歳と戦後総理として最年少であり、加えてそれまでの圧倒的多くの総理が官僚出身のエリートだったのに対し、学歴は尋常高等小学校卒、社会の泥水をすすりながらのいわゆる「叩き上げ」の人生の中で摑んだ栄達でもあった。これを、国民は「庶民宰相」「今太閤」として、歓呼の声で迎えたということである。

もっと言えば、掲げた政策は「日本列島改造計画」であり、新幹線を中心とする鉄道、あるいは高速道を日本全国に張り巡らせ、人口の過疎・過密を解消することを目指した。これにより、太平洋と日本海側の経済を中心とする、あらゆる格差を是正しようとの雄大にして斬新な〝切り口〟に、大なる期待が込められたものであった。また、前任の佐藤栄作総理が実に7年8カ月の長期に及んでいたため、あまりにもの長期が飽きられていたということが、国民が大歓迎した理由でもあった。

その田中の政治家像としての特徴は、「日本列島改造計画」を掲げたように、政治家として極めて構想力、発想力、また即断、即決の「決断と実行」ぶりが際立っていた。行動力も折り紙付き、「コンピューター付きブルドーザー」の異名があったことでも知られている。

また、「叩き上げ」の中で培ったこの人物はいま何を求めているかを嗅ぎ分ける能力、人間洞察力は天才的で、人心収攬術の巧みさは群を抜いていた。これをもって政界、官界、経済界の人脈を日本全国に作りあげ、結果、天下と絶対権力を手にしたと言ってよかったのだった。

一方で、毀誉褒貶の激しい人物でもあったが、退陣後メディアが報じた「国民が興味を持つ歴史上の人物」アンケートでも、徳川家康、豊臣秀吉らに伍して常にトップ10に入るなど、まさに〝歴史上の人物〟でもあった。

さて、その田中は、ライバル福田赳夫（のちに総理）という壁を打ち破って政権の座に就いた。世に言う、「角福総裁選」での勝利である。この総裁選は、「金力（カネの力）の差」との声もあったが、結局は次のような田中の政治勘と知力の勝利と言ってよかったのだった。

その頃、田中は佐藤栄作総理率いる自民党佐藤派の〝台所（派閥資金）〟を、一手に面倒を見るなど、佐藤派の実力者であった。ところが、一方に「ポスト佐藤」を窺う福田がいた。福田は佐藤の実兄・岸信介（元総理）の流れを汲んでおり、官僚出身の佐藤は大蔵官僚出身の福田に親近感も持っていた。「佐藤は結局、福田を後継に推すのではないか」との声も出ていたのである。すでに「ポスト佐藤」に照準のあった田中としては、気が気ではない。田中の打った手、胸の内は、次のようなものであった。

このまま手をこまねいていれば、総理の座は福田に回ってしまう可能性が高い。それなら佐藤にもう1期やらせ、その間に多数派工作に拍車をかけるほうが得策ではないかと。

結局、田中は自民党内に根回しして佐藤「4選」へのレールを敷き、この間に佐藤派の

3分の2を握り、実質的な田中派を作り上げてしまうのだった。やがて佐藤が「沖縄返還」を引き替えに退陣、後継を巡る「角福総裁選」となったわけだが、結果的に佐藤の意向に頼っていた福田は多数派工作で後れを取り、田中陣営の勢いに抗することができず敗北したということだった。総裁選直前、田中はすでにこう豪語していた。

「オレが負ける戦なんかやるもんか」

◆スキャンダルと「闇将軍」

政権を執った田中角栄は、早々と「決断と実行」ぶりを実践して見せた。「日本列島改造計画」と、日中国交正常化実現へ向けての〝二刀流〟である。

田中政権2年余、「改造計画」は立ち上がったが、折から中東戦争による第2次石油危機に見舞われたことで、インフレを引き起こし、結局はこの物価高騰が計画の足を引っ張り、政権の勢いを殺ぐ結果となった。

しかし、一方で歴史的な日中国交正常化は台湾問題、対日賠償請求権問題など困難が多々あったが、周到な事前の根回しもあり、政権発足からわずか2カ月余で両国の共同声明調印式まで持っていった。田中は交渉で北京に向かう前、秘書の佐藤昭子にこう語ったとされている。

「日本国の総理大臣として行くんだから、土下座外交は絶対にしない。国益を最優先に向こうと丁々発止でやる。いよいよとなったら決裂するかも知れんが、その責任はすべてオレがかぶるつもりだ」

やがては世界有数の経済大国になること必至と読んでの中国との国交正常化への決断、それまでの米国一辺倒外交からの脱却にわが国の将来を模索、政治生命を賭けての訪中であったことがわかるのである。

こうした田中政権ではあったが、好事魔多し、突然のスキャンダルに見舞われることになる。

月刊誌『文藝春秋』により、それまでの金脈・女性問題に関する不明瞭さを暴露され、結局はこれを機に政権の座を追われることになった。「短命政権」への〝引導〟である。次いで、わずかその1年余り後に、今度はロッキード事件が表面化、これに連座したカドで逮捕、起訴、「総理大臣の犯罪」として問われることになった。

しかし、これだけのスキャンダルを背負えば、並の政治家なら、二度と権力に近寄ることなどはできない。だが、田中だけは〝別格〟だった。

総理退陣直後はともかく、その後の大平正芳、鈴木善幸、中曽根康弘の各政権に影響力を発揮、「闇将軍」とのカゲ口もなんのその、不死鳥のように権力の場に舞い戻るのである。

その背景、源泉はどこにあったのか。

◆極め付き「情と利」による人心収攬術

田中角栄は金脈・女性問題の不明瞭さが原因で、わずか2年余の「短命」で政権の座を追われ、退陣後1年半後にまたぞろというべきかロッキード事件に連座したカドで逮捕、起訴された。そのロッキード事件の長い裁判の過程で病魔に倒れ、ここに至ってようやくその強大な政治権力にピリオドが打たれたものであった。

それにしても、これだけのスキャンダルを背負えば、並の政治家なら二度と権力に近寄ることなどは不可能だが、田中のみは違っていた。退陣直後は三木武夫、福田赳夫と政権が回る中ではジッとしていたものの、以後は気脈のあった大平正芳、鈴木善幸、中曽根康弘の三代の政権のバックに控えて影響力を発揮、その中曽根政権の半ばで無念の病魔に倒れたということだった。

さて、「闇将軍」と言われ、不死鳥のように権力を手中にできた奇跡的な背景、源泉は、一体どこにあったのか。

大きく括れば、人が集まりやすい明るい性格、類いマレな人心収攬《しゅうらん》の妙にあったと言っていいようであった。

田中は読者諸賢すでにご案内のように、15歳で新潟から上京、泥水をすくいながら数々の職を渡り歩いた「叩き上げ」である。トゲの多い社会をくぐる中で、人がいま何を求めているか、何をどうすればこの人は動くかを、一瞬で見抜ける感性を体得した。言うなら、人を見抜くことにたけた「人間学博士」として、人間関係を構築していったと言ってよかった。

長い間、田中の秘書をやっていた早坂茂三（のちに政治評論家）が、こう言っていた。

「田中の人心収攬術というのは、言うなら『情と利』の両面から見ていいだろう。情にもろいし、政治家だから利をまったく考えないわけにもいかない。しかし、最後は情が先行する。困ったヤツがいたら、黙っていられない。選挙で資金切れでピンチ、頭を下げて支援を頼まれれば、田中派でなくても助けに出る。

ここで凄いのは、『助けたのだから、オレの派閥に入れ』などとは、一切言わなかったことだ。利の部分は、まず引っ込めたままだ。むしろ、こうした情が、黙っていてものちに利になってハネ返ってくるという形でもあった」

そして、ピンチの議員に選挙支援のカネを届ける秘書に田中が申し渡したという話を、早坂はこう続けたものであった。

「若い秘書には、とくに嚙んで含めるように言っていた。『いいか。この金は、相手に頭を下げて〝もらって頂く〟つもりで渡せ。まちがっても〝くれてやる〟という姿勢を見せることは許されない。人間はつらいことは多いが、カネを借りるくらいつらいことはない。そういう姿勢で渡せば、相手は傷つかなくて済む。初めて、生きたカネになるということだ』と」

そのうえで、田中はこうして支援した事実を、一切口外することがなかったのである。派閥の領袖、幹部の中には、自派の若手議員にそうしたカネを支援した場合、5分もしないうちに周りに「〇〇（議員名）が悲鳴をあげてきたから300万持たせた」などと、〝親分カゼ〟を吹かせるヤカラも少なくないのが政界なのだ。こんな話が選挙区に流れれば、陣営の苦しい台所事情が明らかにされ、ライバルから足元を見られると同時に、どんな流言蜚語《ひご》を流されて不利な戦いになるかも知れない。田中からの一切の口外のない支援は、何よりも負担にならぬから誰からも喜ばれたということだったのである。

こうしたことは、自民党議員のみならず、時にはピンチの野党議員からの支援要請もあった。田中は、「なぜ野党の議員にまで」と訝《いぶか》る側近に言ったものだった。

「彼らは彼らでこの国をなんとかよくしたいと思って戦っている。いいんだ、いいんだ」

ちなみに、こうした「利」よりも「情」が先行する田中に対し、「だから、角さんは政争では攻めには強いが、守りに回ると弱いのだ」との見方があったものだった。

しかし、こうした一連の角栄流が、例えばスキャンダルによる田中への内閣不信任決議案や議員辞職決議案が、結局成立しなかった背景ともなっていた。与野党とも、国民の批判を受け止める形でこれら決議案の提出調整に動いたものだが、野党も含めてイマイチ熱が入らずウヤムヤで終わってしまったのがいい例だったのである。本気で田中を政界から葬り去るという勢力は、与野党とも一握りだったということだった。強大無比の「田中人脈」が、田中の政界放逐を未然に防いだということであった。

◆松本清張いわく「50年に一度の天才」

そうした中で、一方で田中角栄は人材育成の名手でもあった。

かつて、田中が師として仰いだ吉田茂元総理が、「吉田学校」の中から、「保守本流」としての池田勇人、佐藤栄作、そして田中自身をも総理として輩出させたように、振り返れば田中はそれ以上の人材を政界第一線に送り出している。

その門下、あるいはその薫陶を受けた者たちのなかから、総理大臣がじつに7人も出ているのである。竹下登、細川護熙、羽田孜、橋本龍太郎、小渕恵三、麻生太郎、鳩山由紀夫である。また、小沢一郎、梶山静六、野中広務といった多士済々を、やはり門下から幹事長など政界の第一線に送り出したといった具合である。こうした〝人を育てる〟という部分でも、田中の凄さを知ることができる。

田中のこうした驚異的と言ってもいいリーダーシップに対し、次のような二人の評価が残っている。

佐藤栄作元総理の側近だった保利茂・元自民党幹事長。

「福田赳夫や大平正芳が束になっても、田中にはとてもかないやしない。政治力など、いろんな意味でだ。戦後政治最大のカリスマ」

作家・松本清張。

「田中角栄は現代史まれにみる梟雄《きょうゆう》（たけだけしい人）である。政界にこんな『天才』があらわれるのは、50年に一度あるかなしかだろう。そのうえで、『金権政治』という単純パターンで、彼をさばききることはできない」

「日本列島改造」という壮大な試みは頓挫したが、日中国交正常化では勇断を示した。また、対ソ（現・ロシア）外交でも北方領土問題に切り込むなどの実績はあったが、スキャンダルによる首相退陣、その後のロッキード事件での逮捕、起訴などから功罪差も大きく、8点をつけたいところだが、7点止まりとした。

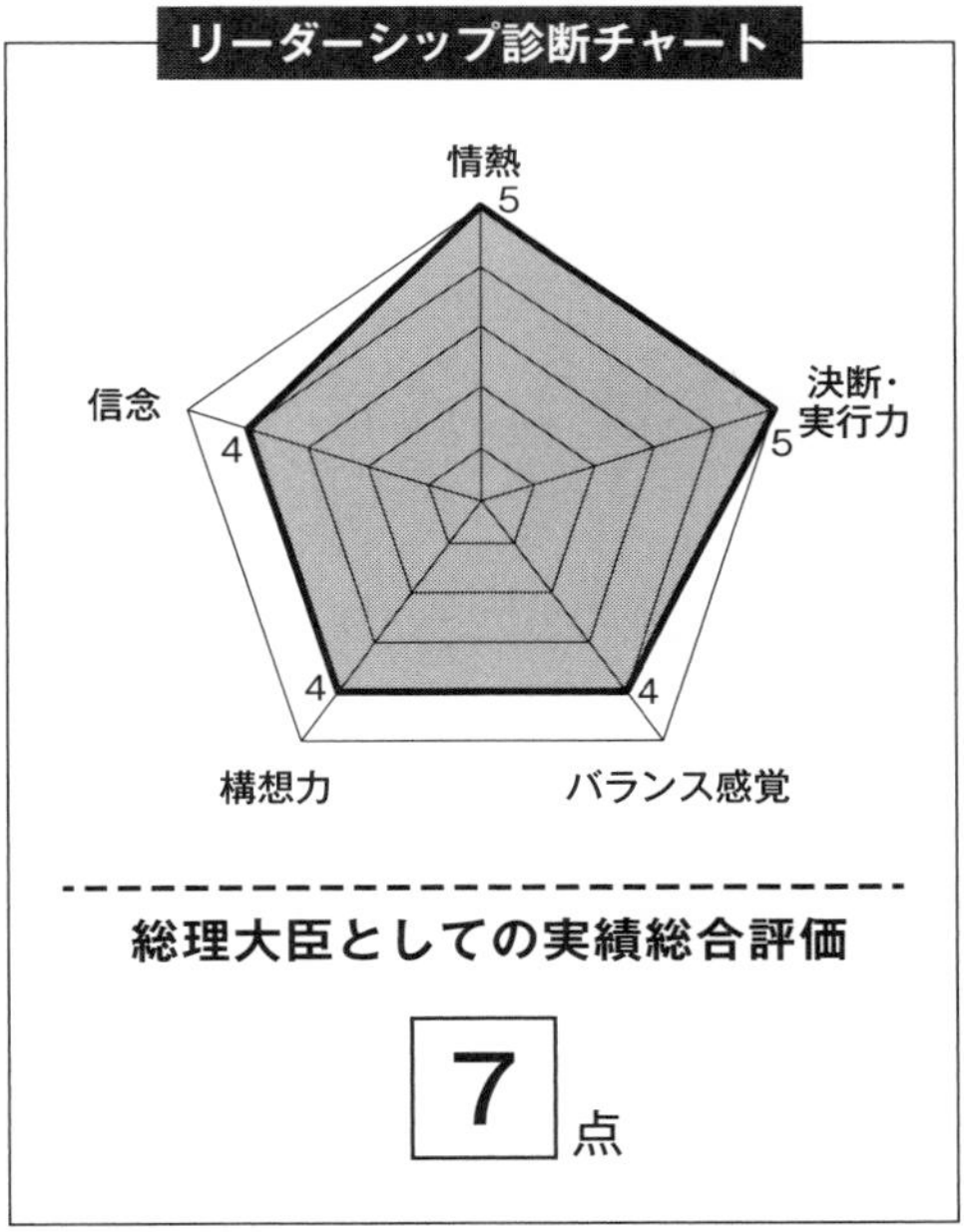

第41代

三《み》木《き》武《たけ》夫《お》

明治40（1907）年3月17日、徳島県生まれ。アメリカ留学を経て、明治大学法科卒業。昭和12（1937）年4月、衆議院議員初当選。昭和49（1974）年12月、田中退陣を受け「椎名裁定」で自民党総裁、三木内閣組織。総理就任時67歳。昭和63（1988）年11月14日、81歳で死去。
総理大臣歴：1974年12月9日～1976年12月24日

〝グリーン三木〟標榜の「バルカン政治家」

三木武夫の「したたかさ」について、かの百戦錬磨の田中角栄でさえ、天を仰いでこう言った。

「三木をやり手の年増芸者とすれば、福田（赳夫）も大平（正芳）も女学生みたいなものだ。三木がプロなら、福田も大平もアマということだ。太鼓、三味線の音が鳴り出せば、三木は呼びもしないのに飛んでくる。年増芸者ながら年も考えず、尻まで裾をはしょって舞台に上がり、客の前で踊ってみせる。しぶとい。しかし『芸』があるから、アレは生き残る」

田中角栄が金脈・女性問題で退陣、その後継となったときの三木の振る舞いが、その〝したたかさ〟を物語っている。なるほど、「芸」に満ち満ちていた三木ではあった。

田中内閣がスキャンダルによる退陣だったことから、三木政権は自民党が世論の批判をかわすという狙いから誕生した。昭和49（1974）年12月、田中の後継総裁選定を党から委ねられた、時の椎名悦三郎副総裁が自民党の再建をかけて「神に祈る気持ち」で裁定、後継に指名したのが三木ということであった。三木が他の実力者より世論の批判のマトであった「金権」から、最も遠いところにいると思われていることで指名されたということである。

この「椎名裁定」は決定まで曲折があり、椎名は極秘にこの作業を進めたが、この間、総理退陣はしたものの隠然たる影響力を持った佐藤栄作ら二、三人の実力者に、胸中を漏らしていた形跡があった。

そうした中で、裁定の公表前々日には、椎名のなかでは明確に後継は「三木」が固まっていた。政界では、この手の情報が流れるのは光より速いのが通例だ。三木も、前々日には、すでに自分が裁定されることを知っていたのである。

そしての裁定の公表を受け、三木が口にした〝声明〟は、「青天の霹靂。予想だにしなかった」ということであった。

しかも、後継になるや、ただちに自民党がいやがる政治資金規正法と独占禁止法のいずれの改正を「私の理念だ」として掲げた。しかし、党内からはこの二つの法律の改正は、「世論受けを狙ったのは明らか」「いい子になりたかったのだ」の批判の声が大勢だった。

加えて、三木政権のさなかの昭和51年7月のロッキード事件で、田中角栄が逮捕される過程でむしろ突き放す姿勢に徹していたことから、田中派あたりからは「三木には惻隠《そくいん》の情がない」と〝冷徹〟へのブーイングも浴びせられたが、三木はどこまでもどこ吹く風といった態だったのである。

◆群を抜く「したたかさ」「ねばり腰」

こうした三木の「したたかさ」は、それまでに始まったことではなかった。

三木は戦前は無所属の代議士だったが、戦後は群小の政党が離合集散する中、まず協同民主党に入り、その後、国民協同党、国民民主党、改進党、民主党と渡り歩き、昭和30年11月15日の民主党と自由党との保守合同による今日の自由民主党（自民党）が結成されると参画、少数派閥ながら三木派を結成、ここでも存在感を見せつけるのだった。ために、三木には「バルカン政治家」の異名が付いて回った。「バルカン政治家」とは、第1次大戦当時、バルカン半島の小国群が右に左に揺れながらも、したたかに国の保全をはかってきたことに由来、それをリードした政治家たちを指す。

三木は、若い頃は「反官僚政治」を声高に叫び、自民党での後半は「政治の近代化」「反金権政治」を旗印とし、自らは〝クリーン三木〟を標榜するといった具合でもあった。ここでは、「バルカン政治家」の一方で、「生き残りの達人」の異名もまたあったのだった。

なるほど、三木がタダ者でないのは、先の小政党転々の中で、自らはいずれも党首あるいは幹事長などの重要ポストに就いていることが証明している。自民党にあっても、「党内野党」「保守傍流」の立場ながら、副総理、外務、通産などの重要閣僚ポストをしっかり手にしたうえ、最後は総理のイスにまで辿りついていることが、「生き残りの達人」の証左ということである。ちなみに、こうした人物は政界では極めて稀有な「出世物語」のケースであり、まさに田中角栄いわくの「しぶとい。しかし『芸』があるからアレは生き残る」の〝実証〟でもあったのだった。

一方で、「ねばり腰」の強さも群を抜いていた。政権の後半は、三木の政権運営に不満が爆発、都合三度にわたる「三木おろし」の策謀に揺さぶられつづけたが、その都度、しぶとくも立ち上がってくるのだった。

三木に反撃する田中・大平の主流両派に、「ポスト三木」に執念を燃やす福田赳夫率いる福田派が加わって、まずは「早期退陣」でスクラムが組まれた。「三木包囲網」の第一弾である。

第二弾はそれから約3カ月後の、田中角栄が東京拘置所から保釈された直後で、田中、大平、福田三派と、さらに他の反三木勢力が加わった。そのうえで、間もなく「反三木」感情がピークに達し、公然の倒閣運動に転じたのが第三弾ということだった。

この間、少数派閥で〝孤軍奮闘〟の三木はそれでも「ねばり腰」を発揮、ついには任期満了の衆院選を仕切って挽回を策した。しかし、選挙は敗北、刀折れ、矢尽きた感の中で、選挙敗北の責任を取る形でようやく辞意表明をしたということだった。

こうした三木の恐るべき「したたかさ」「ねばり腰」を支えたのは、じつは「昭和電工」創業者・森矗昶《のぶてる》の二女で夫人の三木睦子《むつこ》であった。

「睦子がオチンチンをつけて生まれていたら、間違いなく三木より先に総理大臣になっていただろう」との声が高かったほどの、飛び切りの〝女丈夫〟だったのである。

◆「駄々っ子・三木」を支えた睦子夫人の存在

「睦子が男として生まれていたら、間違いなく三木より先に総理大臣になっていただろう」という声は、後年、三木武夫を知る政財界の中で定着していた。睦子は、それほどの〝女丈夫〟として聞こえていたのである。

筆者は若い頃、何度か東京・渋谷の三木邸に取材に赴いていたが、睦子夫人とも話をする機会もあった。言葉尻はおだやかだが、その底に信念の強さをいやというほど窺わせていたのは、毎度だった記憶がある。

一方で、三木は徳島県の中堅農家の息子で、自ら「子供の頃は何苦労なく、甘やかされて育った」と口にしたように、青春時代もノビノビと過ごし、正義感、反骨精神は強かったが、言うなら「駄々っ子」でもあった。

明治大学卒業後も就職することなく、親からもらった当時の５０００円（現在の５００万円程に相当）で悠々と欧米を遊学、国際連盟の軍縮会議を傍聴して感激、ここで「男の仕事は政治である」と心に誓ったものであった。帰国すると、じつに30歳で学生服のまま衆院選に立候補するといった〝異色〟、無所属で当選したものだった。

以後の人生、一切政治以外の仕事に就いたことはなく、まさに後年の三木への言葉となった「議会の子」そのものだったのである。ためか、世間知らずの「駄々っ子」ぶりは、私生活でも多分に窺うことができた。関係者の語るそうしたエピソードは、次の如くである。

「三木の好物は殻付きの落花生とミカンだった。食べ始めると、落花生は殻といわず皮といわず落としまくる。片づけるということを知らないのだった。ために、ズボンの膝あたりはいつも殻のクズだらけになっていた。ミカンも同様で、放っておけば一度に10個、小粒のものなら20個くらいはペロリとやってしまう。むいた皮はほったらかし、加えて口に入れたものは片っ端からペーッとやるから、テーブルの上はいつも戦場の如し」

「チョッキのボタンは段違いにかけることがしばしばだった。『パパが一番上のを間違えたからよ』と夫人に指摘されると、三木は『一つしか間違わなかったのに、なぜ全部違ってしまったのか』と嘆いた」

「三木の〝電話魔〟ぶりは知られていたが、覚えている番号は自分の家のほか、一つか二つだけだった。電話は、自分でかけるものではないと思っている。三木が電話をかける段になると、決まって夫人が大判のノートを持って来、夫人自らがダイヤルを回すのが常だった。この間、三木は腕組みなどをしながら、当然といった顔をしていた。色紙などの揮毫の時も同様、墨は決して自分でするものではないと思い込み、常に待つだけであった」

「どう接したら子供が喜ぶのかといったことにも、まったく不器用そのものだった。ひとり娘の紀世子《きせこ》（のち参院議員）が20歳のとき、『相撲を取ろうか』とやって逃げられたことがある」

◆「武夫よ、黙すなかれ」

さて、それまでまずは順風満帆、淡々とした政治家生活だった三木が、初めて闘争心を露わにしたのは、睦子との結婚生活がキッカケのようであった。それは、三木の「男は勝つまで、何度でも勝負する」といった言葉に表れている。

三木は、「政治の近代化」「反官僚政治」を掲げて佐藤栄作首相に対抗、自民党総裁選の「3選」「4選」時に出馬、いずれも敗北した。しかし、ここで諦めることはなく、佐藤退陣を機とした田中角栄が勝利した昭和47（1972）年7月のいわゆる「三角大福」（三木・田中・大平・福田）が出馬した総裁選に、三度目のチャレンジをしたのだった。そのときの出馬の際に出た言葉が「男は勝つまで、何度でも勝負する」のセリフだったのである。当時の三木派担当記者の話が残っている。

「『勝つまで――』のセリフは、睦子夫人の『パパ、金権政治を放っておいてどうするの』といった。〝尻叩き〟によって励まされた結果のものとも言われている。しかし、三木は、変幻自在と言うべきか、したたかさも夫人から相当キタえられたようで、三度目の挑戦の総裁選第1回投票はたった69票しか取れずの最下位に惨敗だったが、決選投票でこんどはなんと田中を支持するという挙に出たのである。

さらに、田中内閣の副総理として入閣しても、こんどは田中政権の評判が急落すると、率先辞任して田中批判に回るなど、〝飛び乗り、飛び降り名人〟ぶりを存分に見せつけた」

田中政権のあとの三木政権は、政権末期に自民党内から総反発を食う形で、約2年で幕を閉じている。

時に、自民党内は三木政権のアト釜を窺う福田赳夫と大平正芳が反目し合う一方で、三木政権の〝独走〟に対して反三木の空気が高まり、ついにはこれは「三木おろし」に発展した。刀折れ矢尽きた感で、以後、政界の表舞台で得意の「芸」を見せることはなかったのだった。

「議会の子」として政治一筋、とくに趣味もなかった三木は、色紙にはよく揮毫した。その「信なくば立たず」などの書、平山郁夫画伯から一時期手ほどきを受けた油絵を10点ほど、一方の睦子夫人は得意の陶芸作品を50点ほど出品、夫妻の「おしどり展」を開いたことがある。三木が退陣して7年半後の昭和59年3月である。

その前年、睦子は一足先に陶器の個展を開いたのだが、その中のある作品に、「武夫よ、黙すなかれ」と題をつけた。これには子供たちが反対、ようやく睦子を説得して「武夫よ」だけは削らせたというエピソードがある。ここでは、三木をしたたかな政治家に仕立て上げた〝女丈夫〟睦子夫人の、なお止まぬ情熱が伝わってきたものであった。

「したたかさ」の一方で総理として実績は乏しかった。6点止まりで勘弁してもらうことにする。

リーダーシップ診断チャート

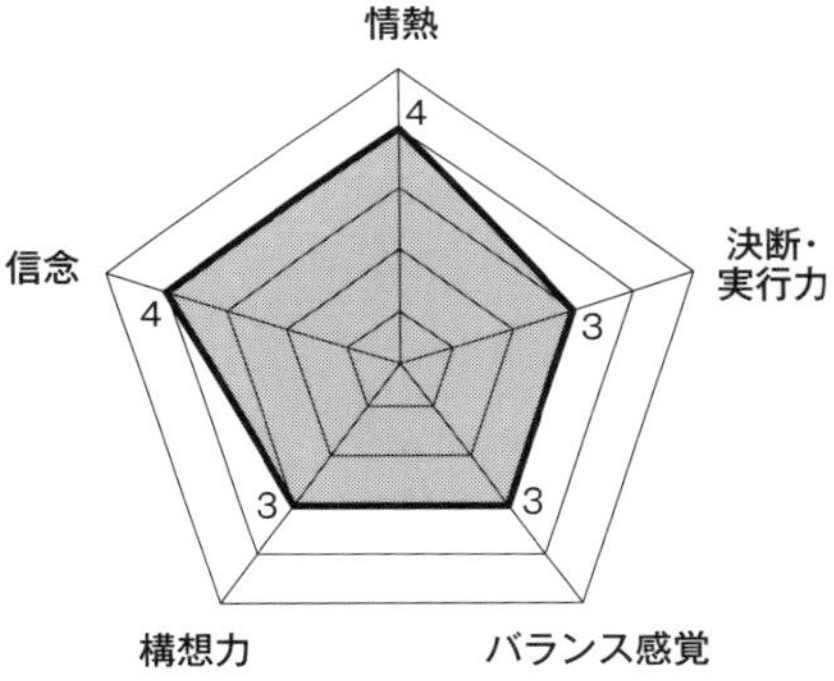

総理大臣としての実績総合評価

6 点

第42代

福《ふく》田《だ》赳《たけ》夫《お》

明治38（1905）年1月14日、群馬県生まれ。大蔵省入省。「昭電疑獄」に連座して退官。昭和27（1952）年10月、無所属で衆議院議員初当選。昭和51（1976）年12月、福田内閣組織。総理就任時71歳。退陣は、総裁選予備選で敗れたため。平成7（1995）年7月5日、90歳で死去。
総理大臣歴：1976年12月24日～1978年12月7日

〝王道〟志向だった「昭和の黄門」

戦後の大蔵省（現・財務省）史をくくってみると、飛び切りの秀才はどうやらこの福田赳夫と、のちに総理大臣となる宮澤喜一の二人となりそうだ。同省関係者で、それを否定する者もほとんどいない。

その頭脳明晰な福田のトップリーダーへの道は、徹底した〝王道〟志向であった。政界入り後も、この世界が生き馬の目を抜く権力抗争の場であっても、権謀術数すなわち覇道への意欲を一切、持たなかったのが特徴的であった。言うならば、天下人としては、常に「待ち」が先行する〝異色〟とも言えた。

福田は次官を目の前にした主計局長時代、「昭電疑獄」に連座して退官を余儀なくされ、昭和27（1952）年の総選挙に出馬、当選を果たして政界入りした。

大蔵省時代の福田は、昭和初期の高橋是清政権下で陸軍担当の主計官をやっているが、予算で軍部と激しく渡り合い、ここではすでに度胸のよさが省内外に知れ渡っていた。

政界入り後は、これも商工省時代、稀代のキレ者、秀才と謳われた岸信介率いる岸派に入り、岸の信任厚く池田（勇人）政権下では自民党政調会長に推されている。しかし、自ら「財政通」と認じ気骨では誰にも負けなかった福田は、池田の経済財政政策をよしとせずこのポストを捨てて「党風刷新連盟」を結成、同志とともに反池田勢力の立場を取ったのだった。岸が退陣したあとは岸派を継承、福田派を旗揚げしていた。

さて、その池田が退陣、政権が岸信介の実弟である佐藤栄作に移ると佐藤に接近、佐藤派最高幹部の田中角栄ともども、福田派を率いる福田は「外様」的立ち位置で7年8カ月に及んだ佐藤長期政権を支えたのだった。

その佐藤は「沖縄返還」を花道に昭和47（1972）年6月に退陣表明、福田は7月の「角福戦争」と呼ばれた田中角栄との〝宿命の対決〟、「角福総裁選」に臨むことになる。

ところが、〝王道〟志向を崩さぬ福田は、結果的に一敗地に塗《まみ》れることになったのである。敗因は、大きく二つあった。一つは、戦後から続く官僚出身者の政権に世論はもとより自民党内にも批判が芽生えていたが、ここを甘く見たこと。二つは、佐藤が官僚出身の自分に政権の「禅譲」があるだろうとの期待感から、総裁選での支持勢力拡大に甘さがあったことだった。一方の田中が、支持勢力拡大戦略を描き、死力を尽くしての権力抗争に挑んでいるのとはあまりに対照的であった。

総裁選は案の定、福田の負けである。その敗戦を受けての福田のセリフが、「天がこの福田を要求するときが必ず来る」という〝嘆息〟だった。

勝った田中は、その後、不明瞭な金脈・女性問題から2年余で退陣を余儀なくされ、政権は自民党副総裁の椎名悦三郎による「裁定」によるものとなった。本来なら田中と争った福田に政権が回ってもおかしくなかったが、ここでも〝王道〟志向により三木武夫に政権をさらわれた格好だったのだった。

その福田がようやく天下を取ったのは、三木政権が党内抗争にキリキリ舞いをさせられ、退陣せざるを得なかった昭和51（1976）年12月である。時に、福田71歳。いささか〝遅すぎた春〟ではあった。

福田内閣はその発足に際し、福田が初閣議で「（この内閣は）さあ働こう内閣だ」と号令したこともあり、ヤル気は十分なスタートと言えた。ソ連（現・ロシア）との排他的経済水域（ＥＥＺ）２００カイリ問題を解決、それまで動きのとれなかった成田国際空港をスタートさせ、そのうえで日中平和友好条約に調印、締結を果たしたなどである。

ちなみに、福田は長く〝台湾派〟とされていたが、佐藤内閣後期の外務大臣時代、密かに中国とパイプを佐藤派の実力者・保利茂の力を借り、「保利書簡」を中国に送るなどで、政権を取ったあとの中国との交流への意欲も十分だったのである。

◆「天の声にもヘンな声がある」

しかし、一方で「安定成長」を旨とする志と異なり、政権を取った直後の次年度予算案は景気回復が要求されており、景気刺激策として苦渋の赤字国債の大量発行を余儀なくされた。

また、折から日本赤軍による日航機ハイジャックという「ダッカ事件」が発生、乗員・乗客１５１人救出のため、日本で拘置中の犯人の仲間らの釈放、身代金６００万ドルを支払うという、ここでも苦渋の選択を余儀なくされたのだった。日本政府内は「人命尊重か。法秩序の維持か」で大激論となったが、福田は「人命は地球より重い」として、超法規的措置により犯人の要求をのんだということだった。この措置には、世論も賛否が分かれたのである。

こうした後味の悪い条件の中でも、福田は総裁「再選」を目指した。しかし、国会議員による本選挙の前の党員・党友による総裁選予備選挙で、自信を持っていた「1位」をライバルの大平正芳に奪われたことで、本選挙を辞退、退陣を決めたのだった。

福田は予備選開票直前の記者会見で、こう言い切っていた。

「予備選は党近代化の試金石だ。本選挙では、国会議員一人ひとりが良識に従って投票すべきで、予備選はその良識を決める大きな要素となるべきである」

すなわち、予備選で1位になった者を国会議員の意向でひっくり返すようなことがあってはならないとの言明である。〝王道〟の福田らしく、これをもっての退陣ということだった。

しかし、予備選1位に自信を持っていたこと、1位になった大平をその「盟友」田中角栄率いる田中派がシャカリキの選挙支援を行ったことで敗れた無念さをにじませ、さすがにこう天を仰いで言ったものだった。

「天の声にもヘンな声がある。敗軍の将、兵を語らずだ」

造語の〝名手〟で、「狂乱物価」「昭和元禄」などは福田の手によるものだ。飄々とした風貌から「昭和の黄門」と異名を取り、経済財政運営のみならず、外交でも積極的に提言、活動をしていた。苦渋の決断を迫られた場合もなんとか乗り切った実績から7点は少し厳しいかも知れない。

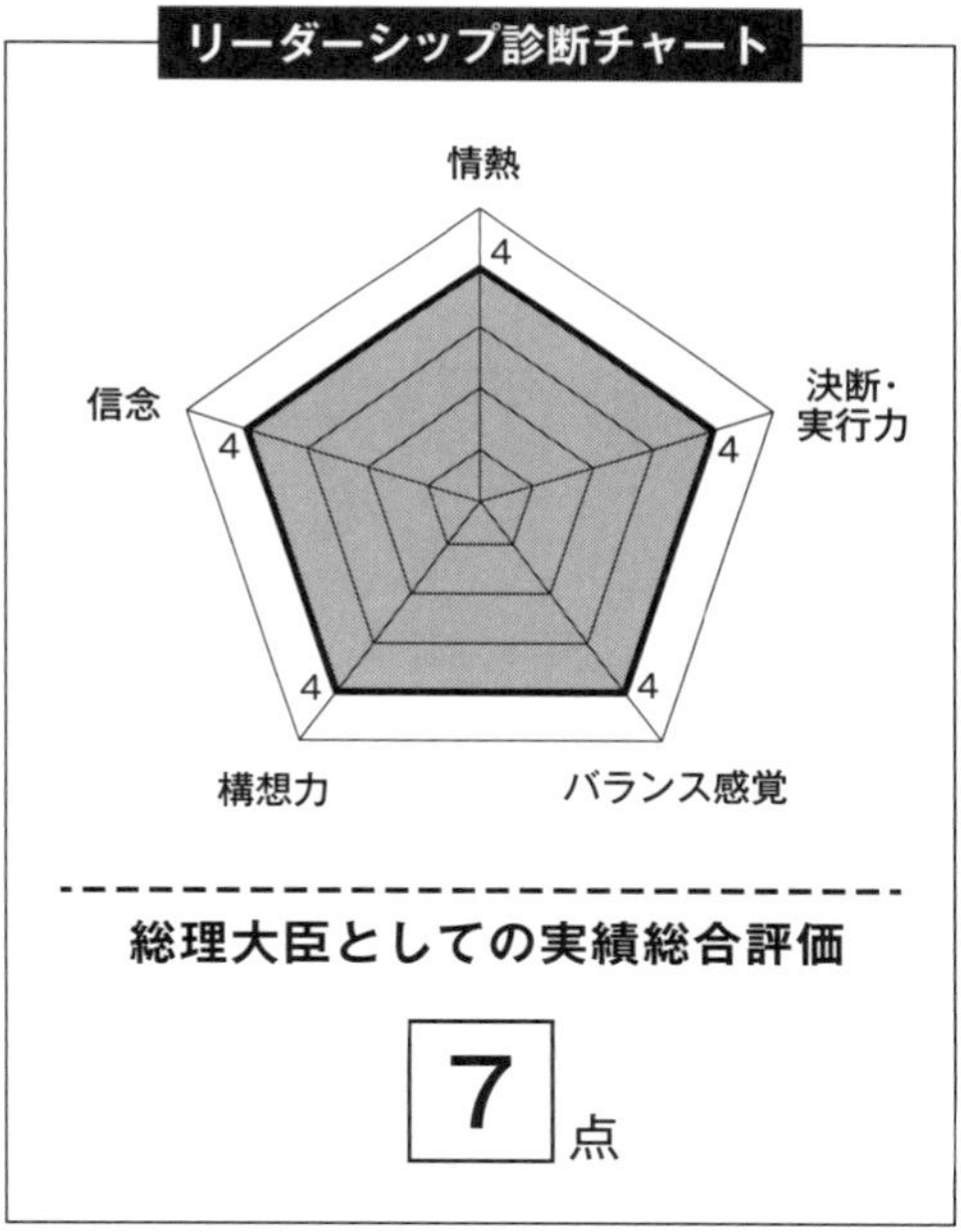

第43代

大《おお》平《ひら》正《まさ》芳《よし》

明治43（１９１０）年3月12日、香川県生まれ。東京商科大学（のちの一橋大学）卒業後、大蔵省入省。昭和27（１９５２）年10月、衆議院議員初当選。昭和53（１９７８）年12月、大平内閣組織。総理就任時68歳。昭和55（１９８０）年6月12日、衆参同日選挙のさなかに急性心不全で死去。享年70。
総理大臣歴：１９７８年12月7日～１９８０年6月12日

「ハプニング解散」選挙中に無念の死

戦後の総理大臣で初めて在任中に死去した人物が、この大平正芳であった。

その胆力、リーダーシップは、多くの総理大臣がそうであったようないわゆる大言壮語的なものはまったく窺えず、「歩留《ぶどま》り」を低く設定するという重心の低さが特徴であった。「政治が甘い幻想を国民に抱かせてはならない。国民も過大な期待を抱かないで欲しい」の言葉は、総理就任後初の記者会見で述べたものだが、初めからバラ色の期待感を持つ国民にノーを口にするなどは、なんとも〝異色〟と言えた。

一方で、政治家としては碩学《せきがく》で鳴り、政治よりむしろ哲学、宗教に精通した文人肌でもあった。言葉もタテ板に水とは縁遠く、話の中には「アー」「ウー」といった。〝間〟の言葉が入って、しばしば聞く側をイラつかせたものだった。しかし、この「アー」「ウー」を話から抜いてみると、見事に理路整然としていたのが特徴的だった。

大平は東京商大（現・一橋大学）卒で大蔵省に入省したが、東京大学法学部卒揃いの大蔵省内では当然「傍流」であった。しかし、次のようなエピソードが物語るようなマジメ、実直な人間性から、のちに総理大臣となる大蔵省先輩の池田勇人にかわいがられ、これが出世の糸口となっている。

●エピソードその１

昭和13（１９３８）年6月、大平は横浜税務署長から仙台税務監督局関税部長への辞令に基づき、仙台へ向けて赴任の日を迎えた。その日、折悪しく京浜地帯は台風による豪雨と洪水に見舞われた。当時、大平は横浜市の磯子に住んでいたが、東京―横浜間の交通が不通となった。なんとしても東京駅から仙台駅行きの汽車に乗らねばならない。責任感の強い大平は、歩いて東京駅へ向かう決心をした。しかし、途中、六郷川がある。意を決して大平は川べりでパンツ一丁になり、トランクを頭上にくくりつけ、抜き手を切って渡り切った。その時、尻にバイ菌が入ったらしく、仙台着任後まもなく〝痔〟になり、入院するハメになってしまった。

●エピソードその2

仙台税務監督局関税部長は、ドブロクの密造の摘発も大きな仕事だったが、大蔵官僚として怜悧《れいり》になり切れぬ大平は、自ら次のように記している。「人間大平」が浮かび上がるのである。

「税務署の密造監視班は、未明から起きてその摘発にかかるのが常であった。ようやく東の空が明るくなった頃、ドブロクのカメが発見され、ただちに調書がとられ、即決の処分が行われる。若者は働かねばならないので、たいていは老人がその責任をとるようになっていた。時折、その現場に立ち会った私は〝権力〟と〝民草《たみくさ》〟、治者と被治者の悲しい関わりについて、何かしら割り切れない、やり場のない気持ちに沈んだものである」(「私の履歴書」日本経済新聞社)

こうした大平を買ったのが池田勇人ということであった。池田は大蔵省事務次官にのぼり詰め、時の吉田茂総理の要請を受けて政界入り、1年生代議士にして大蔵大臣に大抜擢

ご購読ありがとうございました。今後の出版企画の参考に
致したいと存じますので、ぜひご意見をお聞かせください。

書籍名

お買い求めの動機

1　書店で見て　　2　新聞広告（紙名　　　　　　　　　　）

3　書評・新刊紹介（掲載紙名　　　　　　　　　　　　　　）

4　知人・同僚のすすめ　　5　上司、先生のすすめ　　6　その他

本書の装幀（カバー），デザインなどに関するご感想

1　洒落ていた　　2　めだっていた　　3　タイトルがよい

4　まあまあ　　5　よくない　　6　その他(　　　　　　　　　　　)

本書の定価についてご意見をお聞かせください

1　高い　　2　安い　　3　手ごろ　　4　その他(　　　　　　　　　　)

本書についてご意見をお聞かせください

どんな出版をご希望ですか（著者、テーマなど）

郵便はがき

料金受取人払郵便

牛込局承認

9026

差出有効期間
2025年　8 月
19日まで
切手はいりません

162-8790

東京都新宿区矢来町114番地
神楽坂高橋ビル5F

株式会社ビジネス社

愛読者係 行

ご住所 〒

TEL：　（　　）　FAX：　（　　）

フリガナ お名前	年齢	性別 男・女

ご職業	メールアドレスまたはFAX メールまたはFAXによる新刊案内をご希望の方は、ご記入下さい。

お買い上げ日・書店名

年　月　日　市区 町村　書店

された。ここで池田は大蔵省の中でも屈指の秀才として聞こえた宮澤喜一と、大平の二人を大臣秘書官に起用しようとしたのである。しかし、大平が「私には秘書官は務まりません」と辞退を申し出ると、池田は言ったのだった。

「まぁ、秘書官室にすわっておればいいよ」

大平がそばにいるだけで、池田は気持ちがなごむのだった。しかも、昭和27（1952）年10月の吉田総理の「抜き打ち解散」による総選挙に、イヤがる大平を説得、当時の中選挙区〈香川2区〉から半ば強引に出馬させてしまったものだった。池田としては大平にバッヂを付けさせ、信頼できる側近として仕事をしてもらおうとの思いに他ならなかったのである。

◆吉田茂いわく「オオダイラ君であります」

大平は初出馬の選挙戦では、田舎のジイサン、バアサンにクソ面白くもない財政問題を懸命にしゃべったが、いかにもカタい話すぎて聴衆はシラケるのが常であった。しかし、「笑顔だけはステキ」と妙に婦人票が集まったことでからくも当選を果たしたのだった。

しかし、2回目の選挙では笑顔だけではピンチと見かねた後援会幹部が、親分である池田に直訴、応援に吉田総理を引っ張り出すことに成功した。だが、これがウラ目に出、初出馬以上の苦戦だったがなんとか当選となったのだった。大平後援会幹部の一人は、のちにこう述懐してくれたものだった。

「2回目の選挙はヒドかった。〝吉田ワンマン〟が観音寺《かんおんじ》の演説会場に応援に入ってくれたのは有難かったが、演壇の傍らにいる大平を指して『私の最も信頼するオオダイラ君でありますす』とやった。聴衆は『名前も間違えられるくらいだから、大した男じゃないようだ』と受け止める者も少なくなく、こういうハナシが広まってむしろ苦戦となった。大平自身もさすがにショックだったらしく、『オレはこの選挙で落ちたら、政治家は辞めるつもりだ。どうもオレは勝負事には向かんようだなぁ』と、弱気丸出しだった」

しかし、〝親分〟の池田勇人が総理のイスにすわると、当選4回で第1次池田内閣の官房長官に就任、池田の大平に対する信任は、一層強いものになっていたのだった。同時に、一方で大平は、田中角栄と親交を結んでいた。年齢は大平が8歳年上だが、議員としては田中が先輩で、肝胆相照らす間柄になっていたのであった。

その背景には、田中が5歳の一人息子を病気で失い、大平もまた26歳の長男を難病で亡くしたという〝共通項〟があった。互いの胸の痛みが、よくわかるということだった。そのうえで、まだクーラーもない当時の木造の議員会館で二人の部屋が隣り同士、よくステテコ姿で互いの部屋に入り込んでは政策論を戦わすなど、紐帯感を育んでいた。若き代議士の頃の両人である。

やがて、二人は「盟友」関係となる。互いを補完しつつ共に天下を取ることになるのだが、この過程では権力抗争には手練れの田中が、終始、大平に知恵を与え、尻を叩いていた形跡が残っている。

◆「アレは宗教家なのだ」と田中角栄

「アイツは宗教家だから、ワシらが動くしかない」

「盟友」大平正芳が初めて名乗りを挙げた昭和53（1978）年11月の自民党総裁選で、田中角栄は田中派を総動員させ、大平勝利に全力投球した。首相退陣後、ロッキード事件が発覚、「闇将軍」としてなお権力温存を窺う田中としては、ここで「盟友」の大平政権を誕生させる必要性もあったということだった。

田中が大平を「宗教家」と評したのは、本質的に争い事を好まず、常に「歩留り」を低く設定して物を見るなどで、血で血を洗うような権力抗争には向いてないことを見抜いていたからにほかならなかった。

この総裁選には、幹事長だった大平のほか、時の福田赳夫総理（総裁）が「再選」を目指し、中曽根康弘総務会長、三木（武夫）派からは幹部の河本敏夫通産相が出馬、4人の争いとなった。結果、田中派が一丸となっての遮二無二《しゃにむに》の戦いに出たことにより、大平が勝利を収めることになった。

しかし、この大平政権は田中の強い影響下にあることのほか、この総裁選で政権を引きずり降ろされた福田赳夫の怨念、大平の後の出番を窺う中曽根康弘、クセ者の三木武夫も待ってましたで「反主流」の立場を強め、昭和55（1980）年1月の政権後半の第2次内閣発足後も、大平は凄まじい権力抗争に巻き込まれていった。

大平の第1次政権では、政権運営そのものは順調であった。外交は「日米中」関係に目配りの〝複眼構造〟で臨み、サミット（先進国首脳会議）も東京で初めて開催してみせた。一方、内政は財政改善のため「一般消費税」の導入を閣議決定するなど、今日の「消費税」の〝原点〟を模索した。また、統一地方選では、それまでの12年間の革新都知事のイスを、「自公民」3党推薦候補の勝利で奪い返してみせるといった具合だった。

大平はこうした〝順風満帆〟から、昭和54（1979）年10月、政権基盤のさらなる強化を目指し、衆院の解散・総選挙に打って出たのだった。しかし、これが大きくウラ目に出た。フタを開けると案に相違して自民党は大敗、これを受けた福田、三木、中曽根の3

派も、スクラムを組む形で大平政権に反旗を翻すことになったからであった。

3派は、総選挙後の特別国会での首班指名に、総選挙大敗の責任を取れとして大平を担がず、福田赳夫を担いだ。自民党が首班指名で別々の候補に投票するなどということはそれまであり得なかったことで、まさに党分裂寸前の異常事態であった。最終的な衆院本会議での決着は、自民党議員票が大平138票。福田121票でからくも大平の総理「続投」が決まったのだった。大平「続投」の陰に、田中角栄の必死の票取りまとめがあったことは言うまでもなかった。

この首班指名のあと、かろうじて党分裂は避けられたが、自民党内は幹事長や閣僚人事を巡ってモメ続けた。一応のケリがついたのは、総選挙の日から数えて満40日間のゴタゴタだったことから、この権力抗争はそれまでの自民党の抗争では最大の「40日抗争」との名が残っている。

◆「矩《のり》」をわきまえた愛すべき人柄

この「40日抗争」に一応のピリオドが打たれたあとの第2次内閣でも、「反主流」の3派はホコを収めず、それから約半年後の5月には社会党が提出した内閣不信任決議案の本会議採決で、福田、三木の両派が欠席（中曽根派は一応出席）、ために不信任決議案は243対187で可決してしまうといった異常事態が続いた。ここで大平は内閣総辞職を選ばず、衆院の解散・総選挙を選択した。与党が野党提出の不信任決議案に同調、通してしまうなどは与野党ともに〝想定外〟であったことから、この解散は「ハプニング解散」と呼ばれている。

また、この年6月には参院の通常選挙が予定されていたことから衆院選とその日取りが重なり、史上初の衆参同日選挙（「ダブル選挙」）となった。大平はと言うと「40日抗争」で疲れ果てていたこともあり、内閣総辞職を選択しようとしたが、ここで「盟友」田中角栄が大平に言ったのだった。

「弱気でどうする。衆参の同日選挙だ。野党の衆院の候補者は立ち遅れている。衆参同日なら、さらに野党支持者の投票行動が乱れ、自民党は間違いなく勝てる」

ダブル選挙突入。しかし、参院選公示の5月30日夜、大平は心筋梗塞で倒れ、31日未明に入院、6月12日に死去した。その10日後のダブル選投票の結果は、両院で自民党が大勝した。選挙の勝利は、大平の「弔い合戦」として自民党により気合いが入った一方で、誰もが考えつかなかったダブル選という〝奇策〟を強行させた「選挙プロ」と言われた田中の知略ぶりが目立った。「40日抗争」を含めて大平の死までを取材した当時の大平派担当記者の、次のような証言がある。

「大平と田中の仲は、常に信頼感があったが、一方で実直な大平は『田中の影響下にある政権』という言葉を嫌った。『40日抗争』が一休みの中で成立した第2次大平内閣の党3役人事で、田中は自派の二階堂進を総務会長に押し込もうとした。大平はこれを突っぱね、鈴木善幸を総務会長にするなどで、大平は精一杯、田中に抵抗もしていた。大平の死を知った田中は、その枕元で号泣した」

一方で、そうした大平を、次男・裕はこう振り返っている。

「父の人となりは、寡黙で言い訳を極端に嫌った、誤解に基づく批判に対しても〝そのうちわかってくれる人は、わかってくれるだろう〟と言って、取り合わなかった。『総理はいつも二言足りない』という話を聞いたことがあるが、

リーダーシップ診断チャート

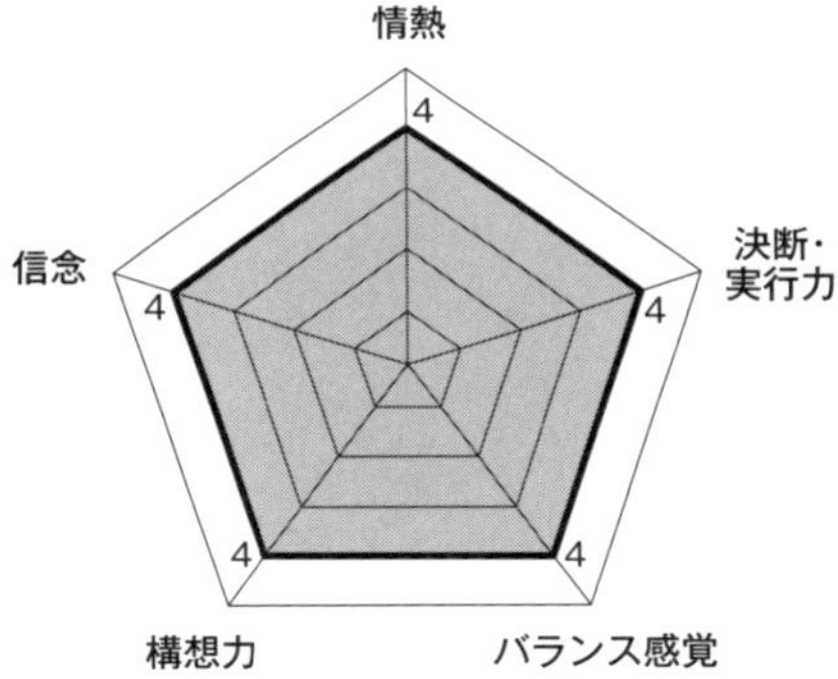

総理大臣としての実績総合評価

7 点

私もまったくその通りだと痛感しました。シャイな父の姿が、世の中に理解されることを期待してやみません」（『1億人の昭和史・日本人8・三代の宰相たち』毎日新聞社）

振り返れば、大平は「矩《のり》（守るべきこと）」をわきまえた、愛すべき「鈍牛宰相」だったと言ってよかった。そこに、世論の支持と拍手もまたあったということだった。

田中角栄がバックで支えたこともあり、内政、外交とも愚直に精一杯の成果は挙げたと言えた。7点はあげていいだろう。

第44代 鈴《すず》木《き》善《ぜん》幸《こう》

明治44（1911）年1月11日、岩手県生まれ。農林省水産講習所（現在の東京海洋大学）卒業。昭和22（1947）年4月、社会党から衆議院議員初当選。昭和55（1980）年7月、鈴木内閣組織。総理就任時69歳。平成16（2004）年7月19日、肺炎のため死去。享年93。
総理大臣歴：1980年7月17日〜1982年11月27日

「暗愚の宰相」の一方で、したたかな「調整名人」

大平派最高幹部の鈴木善幸が、派閥領袖《りょうしゅう》の大平正芳の急逝により総理のイスにすわったのは、ロッキード事件にもまれ、なお影響力温存を窺った時の最大派閥田中派の領袖、田中角栄の意向によるものだった。

田中と鈴木は、昭和22（1947）年4月の戦後2回目、新憲法下での初の総選挙で同じく初当選を果たした。以来、派閥は違ったが政治家としての交流は長く、田中政権時代には「現住所・大平派、本籍・田中派」などと言われるくらい意思の疎通は密であった。田中にとっては、影響力を残すにはこれ以上ない政権ということでもあった。

しかし、鈴木は手堅さはあったが、それまで閣僚として強い存在感を見せつけたことはなく、もとより総理・総裁候補として取り沙汰されたこともまったくなかっただけに、国内外の反応は「ゼンコー・フー（善幸って何者?）」というものであった。

そのうえで、何より、突然、総理のお鉢が回ってきたことで最も驚いたのが鈴木自身で、元々その自覚もなかったことから、昭和55（1980）年7月、自民党総裁に選ばれた直後の同党両院議員総会では、こんな就任の挨拶をしたものだった。

「もとより、私は総裁としての力量に欠けることは、十分、自覚しております。（中略）しかし幸い、わが党は多彩な人材多数を擁しております。これらの人たちに十分、力量を発揮して頂き、私の足らざるところを補って頂ければ、これまで以上の党運営を期することができるのであります」

つまり、トップリーダーとしての経綸、抱負は乏しいことを自ら明らかにしたものであった。そのうえで、政権のスローガンとして「和の政治」を掲げ〝増税なき財政再建〟を実行可能ならしめるための「行政改革」を公約とした。鈴木はそれに、「政治生命をかける」とまで言い切ったのだった。

しかし、政権運営はさんざんであった。内政は、例えば昭和56年度予算は大蔵省のペースに抗し切れず、結果として増税を是認するしかなかった。また、防衛費増強を米国に強要されると、こちらは抵抗なく押し切られている。

さらには「政治生命をかける」とした「行政改革」も、当時の「経団連」の名誉会長にして硬骨漢で鳴った土光敏夫を第2次臨時行政調査会（俗に「第二臨調」と呼ばれた）の会長に据えたが、鈴木自身の決断力不足もあって方向性を示すだけにとどまり、行政に具体的なメスを入れることはできなかった。

一方、外交は、それまで農林大臣として通商に携わったことはあったが、本来の外交とは無縁だったこともあり、馬脚をあらわした格好だった。時の伊東正義外務大臣とぶつかり、伊東を外相辞任に追い込んだ。原因は、鈴木に外務官僚とのパイプがなく、政権と外務省の意思疎通がまったく機能していなかったことにあった。

かくして、政権実績上がらぬ中での約2年半、その末期に至ると最大の「後見人」とも言えた田中角栄から、ついに〝最後通牒〟を突きつけられたのだった。田中は言った。

「いつまでも芝居の幕を開けないと、客は帰ってしまうぞ」

この田中の言葉をもって事実上、鈴木政権はジリ貧の中での退陣を余儀なくされた。昭和57（1982）年10月12日、鈴木はふだんの慎重な物言いから一変、大見得を切ったかのような「大死一番、決断した」として退陣を表明した。総理としての見識を最後まで見せつけることがなかった鈴木に、メディアの一部からは「暗愚の宰相」の声も挙がったものであった。

◆総務会長じつに10期の〝偉業〟

鈴木善幸の経歴は、おもしろい。岩手県立水産学校（現・県立宮古《みやこ》水産高校）では弁論部に属し、一方で漁業協同組合組織とその活動ぶりに疑念を持ち、ここで改革の必要性に目覚めた。卒業時は、優等生であった。

水産高校卒業後は農林省の水産講習所に入り、ここで「漁協運動家」となるべくハラを固めた。その後、前述したように昭和22年の総選挙に、地元漁協をバックに社会党から出馬、初当選を飾った。

しかし、当時の社会党は左右両派に分かれての主導権争いが活発化、鈴木はこれにイヤ気がさし、なんと日経ずして吉田茂率いる民主自由党に転じたのである。2回目の昭和24年1月の選挙では、「革新」から「保守」というコペルニクス的〝転身〟での出馬だったが、時に漁協も政権がバックが得策ということで、当選を果たすことができたのだった。

その後の29年、吉田自由党のときの幹事長・池田勇人が立ち上げた派閥「宏池会」に入った。このあたりで、田中角栄との関係密が始まったということだった。その後、「宏池会」トップが池田、前尾繁三郎、大平正芳と代替わりする中で、決してトップの座を目指さず、しかし派内はもとより党内の地歩を確実に築いてきたということだった。

その鈴木のリーダーシップ、「胆力」の本領は、都合10期と異例中の異例の長さを務めた自民党総務会長ポストが明らかにしている。

総務会長とは、幹事長、政調会長ともども形成する党三役の一角だが、党の政策決定はこの総務会の賛成を得なければならない。しかし、党内には賛成派、反対派が入り交じることで、意思集約を担う総務会長としては「調整役」としての能力が強く問われるのである。なぜ、10期の長きを鈴木が務め得たのか。鈴木が政権を下りたあと、鈴木派幹部がこのあたりの〝秘訣〟をこう明かしてくれたものだった。

「抜群のバランス感覚、状況判断の的確さ、党内の隅々まで議員の事情に精通している。そのうえで、反対議員には粘りに粘って説得する。そして最後に鈴木が『まぁまぁ、このあたりで取りまとめたい』とやると、結局まとまってしまうのだった。鈴木総務会長当時には、〝まぁまぁ〟のゼンコー』との異名もあった」

「脇役の達人」としては出色の人と言ってよかったが、政権として掲げた「行政改革」の成果は出ず、実績としては残念ながら合格ライン手前の5点とさせて頂いた。

リーダーシップ診断チャート

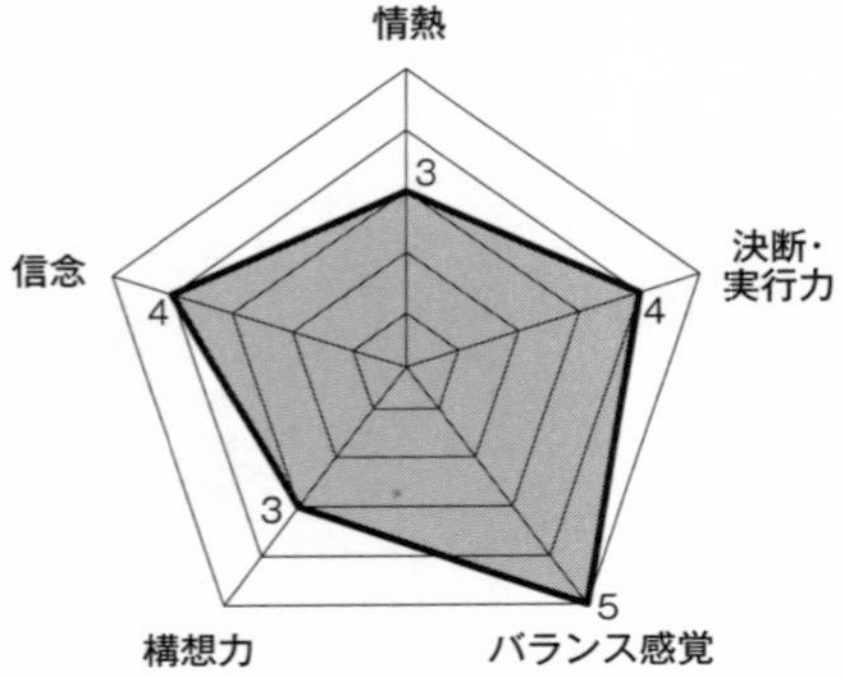

総理大臣としての実績総合評価

5 点

第45代

中《なか》曽《そ》根《ね》康《やす》弘《ひろ》

大正7（1918）年5月27日、群馬県生まれ。東京帝国大学法学部から内務省入省。海軍主計少佐。警視庁警視などを経て退職。昭和22（1947）年民主党から衆議院議員初当選。昭和57（1982）年11月、内閣組織。総理就任時64歳。令和元（2019）年11月29日老衰のため死去。享年101。
総理大臣歴：1982年11月27日〜1987年11月6日

「大統領型」トップリーダーの評価は二分

中曽根康弘政権は「戦後政治の総決算」を掲げた本格政権でもあったが、〝構え〟の大きさの割には実績評価は分かれている。とくに、5年にわたった政権に国民人気は高かったものの、退陣後の永田町とりわけ自民党内の評価は二分されていたものだった。

中曽根は若くして国政にたずさわると、この時点で狙いは天下取りであることを公言するほどの権力志向型政治家であった一方、「風見鶏」との異名があったほどパフォーマンスに満ちていた。

政権としての実績の中から、そのあたりを読み取ってみたい。

まず、外交面。中曽根は総理大臣に就任すると、「日米は運命共同体で一蓮托生」「日本を対ソ不沈空母にする」と口にしたが、なるほど対米関係に大きな比重を置いた。時のレーガン大統領とは「ロン」「ヤス」とファースト・ネームで呼び合うなどの親密な関係を築き、サミットの主役も務めるなどで、西側陣営の発言力確保にも腐心した。

しかし、中曽根首相の退陣後には、自民党ベテラン議員から次のような声も出たのだった。

「中曽根外交は冷戦時代の対ソ戦略をにらみながらのものだったが、米戦略防衛構想（SDI）への研究参加、防衛費の当時の国民総生産（GNP）比1％枠突破を進めたが、目指していた『国際国家としての日本』にはイマイチの成果だった。また、レーガン米大統領の世界戦略からははずれていた。

さらに、その対応いかんでは日本、ソ連（現・ロシア）、韓国間で抜き差しならぬ不測の事態に発展する危機にあった大韓航空機撃墜事件でも、当時の後藤田正晴官房長官の沈着、冷静な危機管理の力量に助けられた感があった。あのときの中曽根自身のリーダーシップ発揮はとなると、残念ながら見えてこなかった」

こうした外交に比して、内政への評価は厳しいものが多かった。それは例えば、次のような点が指摘された。

前任の鈴木善幸政権が手をつけた「第2臨調」を活用、日本電電公社、日本専売公社、日本国有鉄道の3公社の分割民営化、あるいは規制緩和を進め、国債の依存度を下げることなどには、一応は成功した。

しかし、一方で「プラザ合意」によってバブル経済を呼び込み、目指すべき「国際国家としての日本」を、経済面で逆に「国際国家」から引きずりおろす結果を招いた。自民党は中曽根政権の末期に、時の伊東正義政調会長のもとで「緊急土地対策」を打ち出してようやくバブルにはブレーキがかかったが、時すでに遅かったのである。

なぜならば、バブル経済により新しい建造物が乱立、旧来の伝統的な建物、街道が破壊され、人心のうつろいと乱れを招いたからにほかならなかったからであった。

「鋭い歴史感覚による高邁な政治論、教育論、文化論で定評のあった中曽根だったが、内政の評価は低い。標榜した〝大統領型トップダウン〟のリーダーシップに、自民党内が一致して従う態勢にはなかったことが大きかったと言えた。一流のパフォーマンスに対してはおおむね世論は拍手だったが、とにかく中曽根に対する自民党内の政権運営に対する評価は低かった」（自民党ベテラン議員）ということである。

しかし、そうした中曽根ではあったが、多くの政権が追われるが如くで退陣するのとは異なり、余力を残した形でまずは約5年の政権をまっとうしてみせた。

政権発足当時は、田中角栄の支持を得て総裁選を勝ち上がったことから、その影響をモロに受ける政権として「田中曽根内閣」「直角内閣」などともヤユされた。しかし、政権の後半に田中が病魔に倒れたことで、〝自立〟した政権の片鱗を見せ始めたということでもあった。

先に触れたように、バブル経済へのブレーキに田中が進めた政策にブレーキをかけるような「緊急土地対策」を持ち出したのも、好例と言えたのだった。

◆退陣後、15年間現役議員だった異例

退陣を決意した中曽根康弘は、後継に竹下登を指名した。安倍晋太郎（安倍晋三元総理の父）、宮澤喜一（のちに総理）も候補とされたが、3者の中で最も自民党内がまとまりやすいとの理由で竹下を選択したということであった。同時に、竹下が順調な政権運営を続ければ、「院政」までは望まなくも、自らの政治生命は安泰という〝秤〟にかけた深謀も

憶測できた。

案の定、中曽根は退陣後、異例の15年間の長きにわたり、党長老として議員バッジを付け続けている。この間、〝国家アドバイザー〟としての自負も発揮、さまざまな提言、直言をして存在感を示し続けたものであった。

しかし、平成15（２００３）年11月の総選挙で、「高齢」（85歳）を理由に当時の小泉純一郎総理の決断で党公認から外され、ついに苦渋の政界引退を余儀なくされてしまった。引退後、中曽根は小泉に対し、以下のような〝恨み節〟を連発したものだった。

「年寄りは引っ込めという安易なポピュリズムは、民衆迎合のにおいを感じる」としたほか、平成16年9月の改造人事に際して「自分の知っている人間や好みの人を集めた〝小泉商店〟で、これは株式会社ではない」「小泉くんは〝変人〟から、ついに〝愚人〟になってしまったのではないか」といった具合、暗にこんなことで国家運営ができるワケがないと切り捨てたということのようであった。

そのうえで、中曽根はこうも言っていた。

「宰相の条件とは、国境を越える人類愛を持ち、あふるるばかりの同胞愛と愛国心、見識と人材活用の能力を備え、さらに敵千万人といえども我行かんという指導力と実行力を備えた人である」

歴代総理のなかでも、外交は高得点、対して内政実績は乏しいと、平均点の出しにくい政治家の一人ではあったが、田中角栄の「意向」を上手にかわしながらの政権運営を含めて、筆者は比較的評価をしている。内政実績で減点、7点とした。

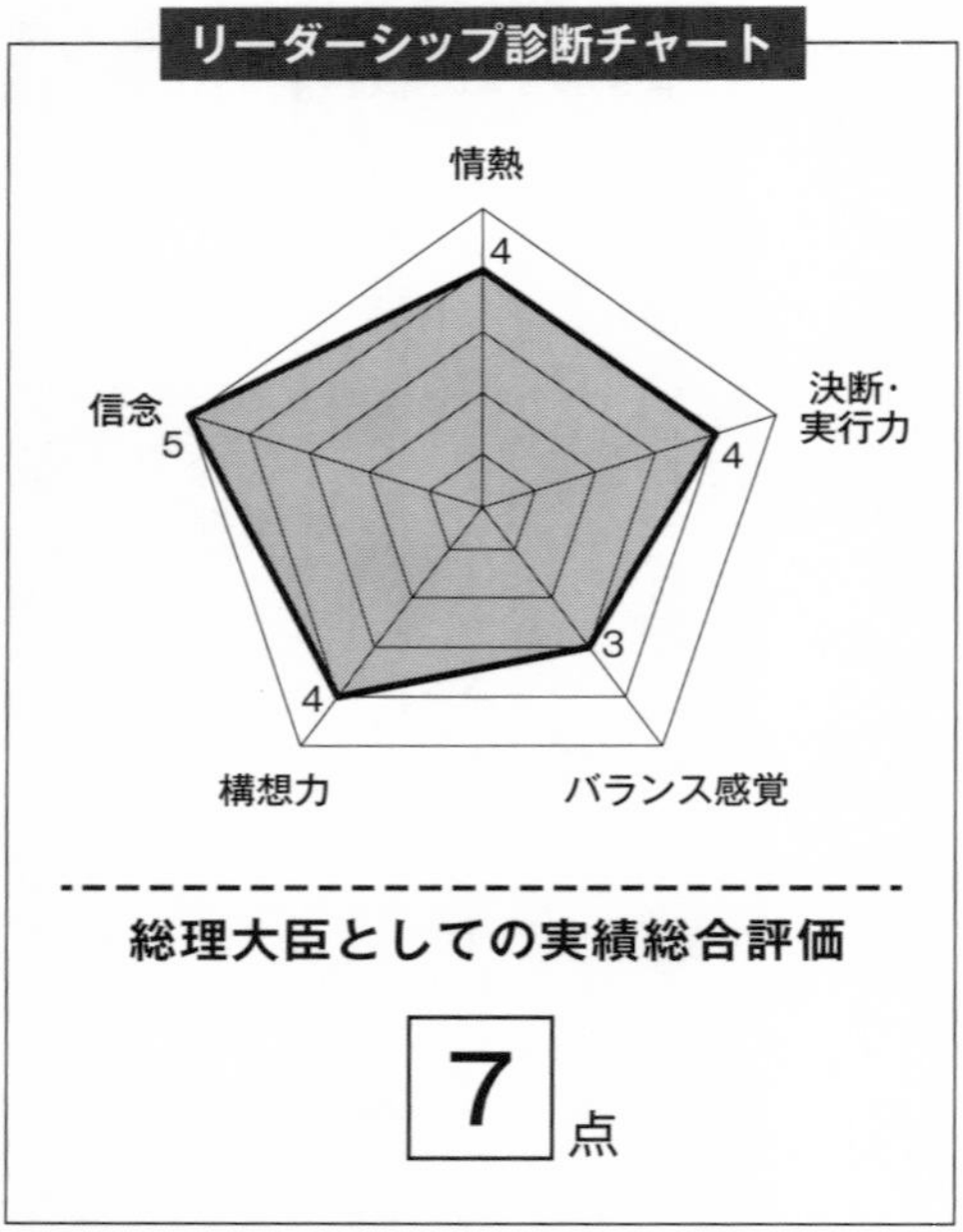

第46代 竹《たけ》下《した》登《のぼる》

大正13（1924）年2月26日、島根県生まれ。学徒動員により陸軍飛行隊員として入隊。早稲田大学商学部に復学。昭和33（1958）年、衆議院議員初当選。昭和62（1987）年11月、内閣組織。総理就任時63歳。平成12（2000）年6月19日、76歳で死去。
総理大臣歴：1987年11月6日～1989年6月3日

「田中角栄の呪縛」と闘い続けたすえの天下

「苦節十年」という俚諺《りげん》があるが、この竹下登は天下を取るのに、じつに23年の歳月をかけたのだった。のちに触れる竹下の極め付きの〝辛抱強さ〟が、改めて知れるのである。

竹下の「政治の師」は、国政入り後、初めてワラジを脱いだ佐藤派の領袖・佐藤栄作である。その佐藤が総理大臣になり、竹下を官房副長官に起用したとき、竹下は戦時中に流行した

「ズンドコ節」をもじって、宴席などではこんなザレ唄を披露していたものだ。

♪講和の調印　吉田（茂）で暮れて、日ソ協定　鳩山（一郎）さん、いまじゃ佐藤（栄作）で　沖縄返還、10年経ったら　竹下さん　ズンドコ　ズンドコ

つまり、この頃は10年後の天下取りを夢見ていたということだが、田中角栄が同じ佐藤派の幹部として台頭する中で、天下取りへの歩調は大きく狂うのだった。両雄、並び立たずである。

佐藤栄作が悲願の「沖縄返還」を成し遂げ、7年8カ月の長期政権にピリオドを打ったその後継には、佐藤派の大勢を引き継いだ田中角栄が就いた。その当時、自民党内では「田中が退陣したあとは、竹下が田中派の総裁候補になるのではないか」という声も、早や挙がってはいたのである。

ところが、田中は竹下を終始、煙たがった。各所で「田中派には二階堂進、江崎真澄、後藤田正晴という総裁候補がいる」と公言してやまず、そうした中に竹下の名前が出ることはなかったのだった。

なぜ、田中は竹下を自らのあとを任せる総裁候補として挙げなかったのか。これについて、田中派のベテラン議員の一人がこう言っていたことがある。

「田中は、竹下の政治的能力は認めていた。ここでは、自らのそれと比べての〝近親憎

悪〟があったということにもなる。

その一方で、他に挙げた総裁候補に比べ、天下を取ったあとはどこまで自分と歩並《あしなみ》を揃えた政権運営をするかへの不信感もあった。自分が育てた田中派を崩してしまう危惧をみていたということだった。田中の中では、竹下を認めることは大きなバクチになるとの思いが強かったということだ」

その後、田中は金脈・女性問題で退陣、ロッキード事件で逮捕も余儀なくされた。その間、総裁候補がなかなか出せない中で田中派内には不満が充満、竹下の「盟友」金丸信による「世代交代論」のブチ上げ、あるいは派内の中堅・若手が率先動いての、竹下を中心とした〝派中派〟としての「創政会」結成への動きも出たものだった。そうした折、「オレを派閥から放逐《ほうちく》するつもりか」とばかり、田中はこう言った。

「竹下は雑巾がけからやり直しだッ」

しかし、その田中が中曽根（康弘）政権時の昭和60（1985）年2月、脳梗塞で倒れ、事実上の再起不能となった。竹下はここで事を急がず、中曽根政権を支える形で「ポスト中曽根」に照準を定めたのであった。慎重派竹下の面目躍如の場面でもあった。

中曽根は自らの退陣にあたり、当時、後継有力候補と見られていたそれぞれ派閥領袖だった竹下、宮澤喜一、安倍晋太郎（安倍晋三元総理の父）から後継候補への白紙委任を受け、結果、竹下を後継総裁に指名した。時に竹下は党内最大派閥・竹下派の領袖であり、竹下は自民党のみならず、野党の一部への影響力を保持していたことから、中曽根としては竹下の〝支配力〟に乗ることで、退陣後の存在感、発言力を維持しようとしての「中曽根裁定」と言えたのだった。

◆無類の我慢強さで「おしん」の異名

その頃の竹下登の〝辛抱強さ〟以外の評判は、調整のうえで物事を「落とすところに落とす」術にたけていたことから「調整名人」との評判が高かった。そのうえで、事を決して強引に運ばず、自己宣伝一切なしで前に出ることをせず、周囲への気配り、目配りをよくした。また、人を怒らせずのガマンぶりから、当時のNHK朝ドラで視聴者の紅涙《こうるい》をしぼったヒロイン「おしん」になぞらえ、「政界のおしん」との異名もまたあったのだった。

竹下自身は、そうした自らのリーダーシップに触れ、次のような語録を残している。

「直進せず、説得しつつ推進し、推進しつつ説得するといったところだろうか。人を怒らず、汗は自分で手柄は人に、すべからくおのが力と思うなよという気持ちでやってきた。まあ、辛抱、辛抱、また辛抱ということだわね」

「私のことを『調整名人』なんて言う人がいるが、調整のコツなんて、とりたててありはしないわな。ただ一つあるとすれば、上から物を言わないことを心掛けてきた。相手の言い分、立場まで、自分で譲ったり、下りていくことを心掛けたということです。また、逆に相手を自分の立場まで引き上げてやることもある。一言で言えば、相手と同じ目線、立場で話し合うということかな。大体、これでうまくいった」

ちなみに〝苦節23年〟、天下を手にした直後には、次のように口にしたものだった。

「私はこれまでコンセンサス主義と言われてきたが、今後も皆さんの意見に耳を傾ける姿勢を続ける。見極めがつけば、私自身が決断し、誠実な実行で応えたい」

こうした竹下のリーダーシップの手法は、「政治の師」佐藤栄作から伝授された言葉を踏襲した形になっている。佐藤はまだ陣笠議員だった竹下に、こう言ったのだった。

「人間は口は一つ、耳は二つだ。まず、ひとの話を聞け。人間関係をうまくやるコツだ」

そうした手法を具現化したのが、それまで数代の政権が国民の反発から成し得なかった、「消費税」導入という大仕事であった。じつは、政権からさかのぼること8年前、竹下はこの大仕事を「落とすところに落とす」覚悟を固めていたものだった。

◆「落とすところに落とす」スゴ腕

〝苦節23年〟ついに政権に就いた竹下登の政治手法で特筆されるべきは、強引さとはまったく無縁の辛抱に次ぐ辛抱、説得に次ぐ説得で、ついには「落とすところに落とす」というものだった。「政界のおしん」「調整名人」との異名があったゆえんでもあった。

それを実証してみせたのは、それまでの数代の政権が模索したものの、世論の反発から成就できなかった「消費税」導入という大仕事を成し遂げたことであった。

竹下政権からさかのぼること8年前、竹下はすでに政権を取ったら是非、財政再建のために消費税導入を自分の手でとハラを固めていたのだった。落とすところに落としてみせる、との執念ということであった。

それまでの消費税を巡る経緯は次のようなものであった。

昭和54（1979）年11月、時の大平正芳首相は、その第2次内閣で竹下を大蔵大臣に起用、間接税としての新税「一般消費税」導入を策した。案の定と言うべきか、これには世論の批判の一方で、野党はもとより自民党内にも反対論が少なくなかった。とりわけ、野党は「一般消費税廃止」の国会決議の動きまで示したのだった。国会決議がされてしまえば、この間接税導入の芽は完全につまれてしまう。

ここで、「説得しつつ推進する」という竹下流が出た。自民党内はもとより、野党人脈を駆使して根回し、「一般消費税廃止決議」の文言を「財政再建決議」と替えさせ、この決議を通すことで、逆に間接税導入を〝延命〟させることに成功したということだった。

しかし、大平内閣は大平の急死ということで、鈴木内閣に引き継がれ、ここで竹下は蔵相ポストをはずれた。一方、鈴木首相は指導力不足もあって、この間接税導入には動けず、次の中曽根（康弘）で改めて再浮上したものだった。

竹下はこの中曽根内閣で連続4期の蔵相を務めることになったのだが、中曽根ともどもこの間接税を「売上税」と名を変え、導入議論を復活させたのである。

一方、この過程では、竹下の〝したたかさ〟が垣間見られた。中曽根内閣で導入へ向けての議論はするものの、その実現への目線は自らが政権を取ったときと定めていたのだった。このことは、消費税導入という〝勲章〟は自らが総理になったときに付けるという、強い自負ということであった。

中曽根内閣での竹下蔵相のリーダーシップについて、田中（角栄）派から竹下派を通じて、長く「竹下手法」を見てきた渡部恒三（元衆院副議長）の次のような解説が残っている。

「竹下さんの調整力は、これは並ではなかった。与野党問わず、根回し、気配り、辛抱といったことをフル回転、常に頭を下げて歩いていた。一方で、粘り強さ、手堅さ、度胸も余人近寄れずの凄さがあった。ノラリクラリの独特の『言語明瞭、意味不明瞭』の弁も、あとで国会の速記録を読んでみると、ピシリとしていて〝落としどころ〟を譲っていない。野党にも適当に点数を稼がせながら、押さえるところはキチンと押さえているということです。

すなわち、野球の投手で言うと、剛速球は投げずのチェンジ・オブ・ペースの軟投型、打たせて取るというヤツだ。それも、ゴロを打たせては内野手に活躍の場を持たせ、フライを打たせては外野手にも働く余地を与えるという〝全員野球〟だから、どこからも文句が出ない形になっている。さらに、相手の野党に対しても三振させて恥をかかせることはしない。〝ポテンヒット〟くらいは打たせてやることで、メンツを保たせるのだから凄いのだ。

竹下さんのリーダーシップは、『漢方薬』との声もあった。あとで、ジワジワと効いてきて、リーダーシップを感じさせないリーダーシップということから来ていた」

◆「退」で躓いた慎重居士

そうした竹下登は、政権を取ると、「落としどころに落とす」形で、狙い通り消費税導入を成功させた。

一方で、外交は前任の中曽根康弘の方向性を踏襲、対米、対中関係とも、手堅さでこれをこなした。しかし、内政は、消費税導入のインパクトが大きかっただけに、「ふるさと創生」と銘打ったすべての地方自治体に好きに使えと配った国庫支出金1億円は、反動的に評判が悪かった。慎重な性格で鳴った竹下にしては、いささか浮かれた〝上手の手から水が漏れた〟感があったとも言えた。

こうした竹下のリーダーシップは、じつは中国の春秋時代の兵法者の一人の、呉起《ごき》が魏の武侯に説いた「四軽、二重、一信」のリーダー学に合致していたのだった。

「四軽」とは、（一）部下の仕事を軽く感じるようにしてやる。上司はあまり偉そうなことは言わず、そのうえで部下が自分には十分な能力があるのだと思わせること、（二）リーダーは周囲との人間関係を重々しいと感じさせてはいけない、（三）職場のしきたりなどの重圧感は取り除いたほうがいい、（四）自由な空気をかもし、上司が部下の頭を押さえつけるような仕事の進め方は改める必要がある、ということである。

　また、「二重」とは、重い賞と重い罰を示し、アメとムチによる公平な〝信賞必罰主義〟の徹底を求めている。さらに、「一信」とは、上司はあくまで部下との信頼関係に心を砕くべしとするものである。

　こうした気配りを軸とした竹下流について、竹下の妻・直子はこう言っていた。

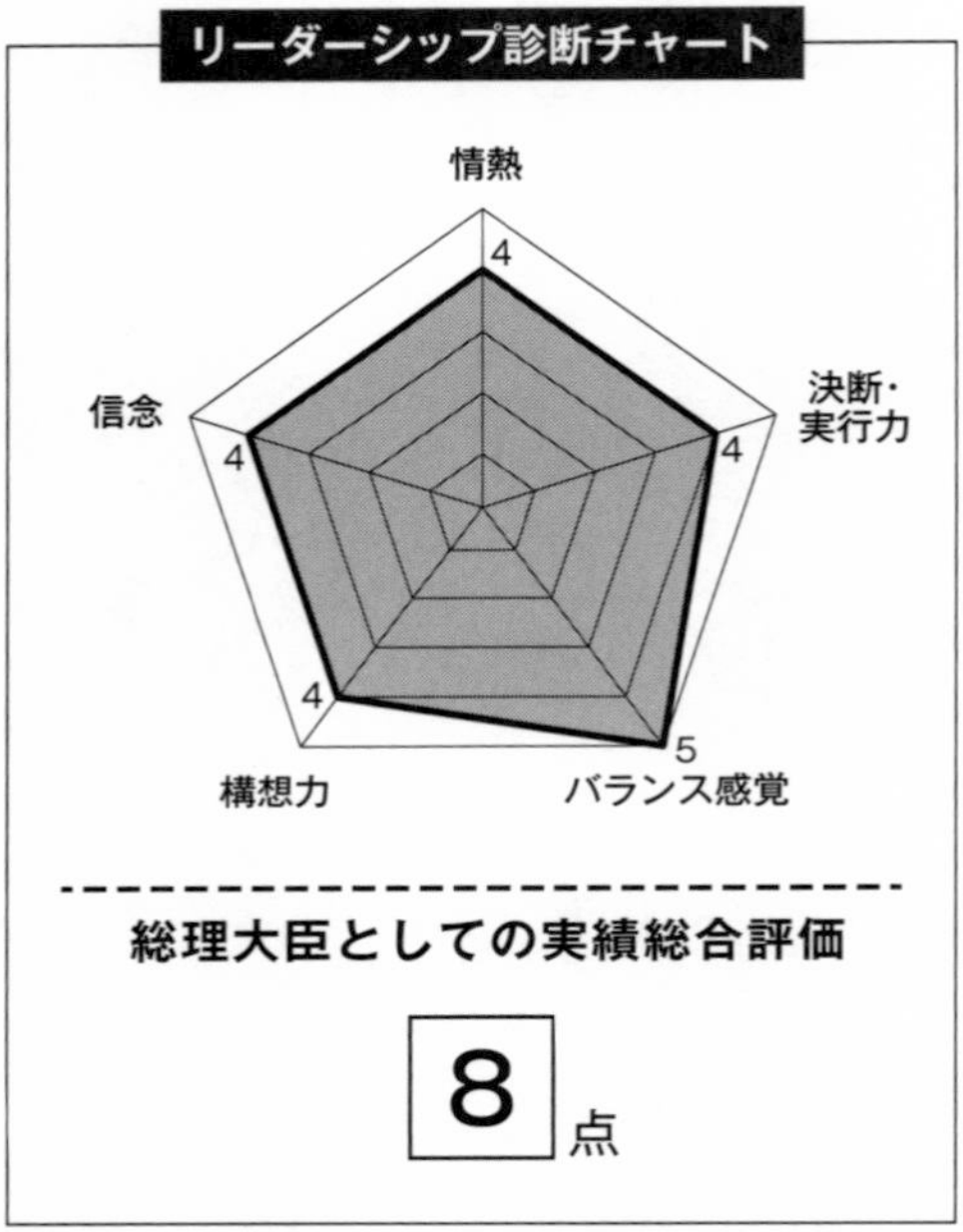

「夫の気配りの凄さは、私に対しても同じでした。夜中、トイレに立つときでも、わざわざ階下まで下りていくんです。水洗の水音で、私が目を覚まさないとの気遣いなんです」
　しかし、こうした独特のリーダーシップで安定飛行に入ったハズの竹下政権だったが、意外や2年の短命で終わった。リクルート事件に連座、引責での退陣というこ

とであった。

慎重居士の竹下は、惜しむらく「退」で躓いた。画竜点睛を欠いた、と言えたのだった。

国民人気も盛り上がりに欠け、一方で「退」で躓いた竹下ではあったが、対米、対中の外交関係を手堅さで、内政も狙い通り消費税導入を〝成功〟させてみせたリーダーシップは、なかなかだったと見ている。

第47代

宇《う》野《の》宗《そう》佑《すけ》

大正11（1922）年8月27日、滋賀県生まれ。学徒出陣、神戸商大を中退。昭和35（1960）年11月、衆議院議員初当選。平成元（1989）年6月、竹下退陣を受けて自民党総裁、内閣組織。総理就任時66歳。平成10（1998）年5月19日、75歳で死去。

総理大臣歴：1989年6月3日～1989年8月10日

女性スキャンダルで足をすくわれた「文人政治家」

「降って湧いた」という表現があるが、この宇野宗佑ほど降って湧いた形で総理大臣の座を射止めた人物はいない。

昭和64（1989）年は1月7日に昭和天皇の崩御があり、その年はたった1週間で元号を「平成」と改めた。時の総理の竹下登がリクルート事件に連座、その責任を取る形で与野党暗黙の了解のもと、平成元年度予算案の成立との

〝引き替え〟で、竹下は4月25日、退陣を表明した。

問題は、後継だった。しかし、「ポスト竹下」の有力候補とみられていた安倍晋太郎（安倍晋三元総理の父）、宮澤喜一は、竹下同様、リクルート株の譲渡を受けていることが明らかになっていたことで、早々に候補から〝脱落〟したものだった。

ために、まずお鉢は竹下政権で自民党総務会長を務めていたベテランの伊東正義に回った。しかし、〝会津っぽ〟として気骨のあった伊東は、自民党のいつまでも縁の切れぬ「政治とカネ」に失望、「本の表紙を変えても中身が変わらなければ意味がない」と固辞してしまった。言うなら、人がいなくなった中で、竹下が〝緊急避難〟としての宇野政権を誕生させたということだった。

時に、宇野は中曽根派幹部ながら、「ミッチー」こと渡辺美智雄（元副総理）と派内ライバル関係にあった。しかし、竹下は「傀儡政権」を狙っていたことから、渡辺より〝物分かり〟のいい宇野に白羽の矢を立てたということだった。

また、一方で竹下は自ら退陣後の夏に、フランスでのサミット（主要先進国首脳会議）を控えており、それまで「口八丁手八丁」で与えられたポストを手堅くこなしてきた宇野なら、ある意味でハマリ役との思いがあったようであった。

時に、宇野は当選10回、それまで外務大臣をはじめ通産大臣、防衛庁長官、科学技術庁長官、行政管理庁長官を歴任、党でも幹事長代理として巧みな弁舌で対応してきた実績もあった。

ところが、総理就任直後、毎日新聞に東京の花街・神楽坂の芸者との関係をスッパ抜かれ、政権は一気に窮地に陥ってしまった。一方で、この女性スキャンダルが尾を引く中、フランスからのサミット帰国後、宇野を待っていたのは、何とも間の悪い参院選だったのである。

参院選は案の定、自民党の惨敗となった。自民党には、折からリクルート事件、消費税制定、農産物自由化問題の「逆風3点セット」があり、そのうえでの宇野の女性スキャンダルが重なっては初めから勝ち目はなかった。

選挙後、宇野は選挙敗北の責任を取らされる形で、超短命での退陣を余儀なくされた。総理在任わずか69日の短命内閣であった。降って湧いた総理の座、自覚が乏しかったとはいえ、それにしてもあまりの〝脇の甘さ〟を露呈したと言えた。

首相退陣から約半年後、宇野は厳しい情勢下、今度は自らの衆院選に立ち向かわなければならなかった。それまでの中選挙区制下の〈滋賀全県区〉では常に楽勝、選挙期間中タスキをかけず、有権者との握手もしないという〝殿様選挙〟だったが、この選挙はさすがに顔色が変わったものだった。

「過去の栄光は真綿にくるんでポケットに入れ、一兵卒として頑張る」とし、タスキがけはもとより、演説が終わると演壇や街宣車から必ず降り、握手に次ぐ握手といった具合、戦術を180度変えたのである。

「元来がプライドの高い人物だったが、背に腹は代えられぬの悲壮感さえ漂っていた選挙戦だった。元々、選挙地盤は固く、この〝全力投球〟が功を奏した感があって当選を果たすことができた」（当時の政治部デスク）

◆命取りになった「器用さ」

宇野宗佑は総理としては失態で幕を降ろしたが、一方で、「文人政治家」としては政界では聞こえていた。

シベリア抑留当時の体験を書いた『ダモイ・トウキョウ』ほか、『中仙道守山宿』といった十指に余る著作もある〝作家〟の一方、自作句集がある〝俳人〟でもあったのだった。

また、ピアノ、ハーモニカは玄人はだしで、外相時代、外国賓客に自らハーモニカを吹いてサービス、これは好評であった。さらに、書もよくし、カラオケもなかなかうまかった。
大正生まれ人間としてはマレな〝マルチ人間〟の多趣味はまだあり、麻雀、ダンス、剣道は正真正銘の五段、人形の収集はじつに2万5000体、自ら器用に郷土人形の制作もやるといった器用さだった。逆に言えば、この「器用さ」が命取りになったとも言えたのだった。

振り返って、宇野は総理になる前「演説の達人」との声もあった。なるほど、総理になった直後の所信表明演説は「世界に貢献する日本」を目指すとした格調の高さが評価され、その中身は随所に「文人政治家」らしく教養を感じさせるものがあった。

この所信表明演説があったその日の夜のテレビ朝日「ニュースステーション」で司会の久米宏が演説を評価し、「この政権は大化けする可能性がある」と唸ったものでもあった。芸者とのスキャンダルは、その直後に一挙に広まったというものだった。

俳句の号は、「犂子《れいし》」。その句集「宇野犂子集」には、神楽坂芸者との逢瀬をホーフツさせるかのような、次のような粋な〝三名句〟が散見できる。

縁切りの　灰文字かきて　日の永き
白上布《しろじょうふ》　つっころばしに　痴話多し
逃げ水に　女騙せし　彼奴《きやつ》憎し

「滋賀県のことなら何でも分かる」としていた宇野は、田中角栄が幹事長時、参院選の地元候補の票を読み間違って〝大目玉〟をくらったことがあった。才におぼれ「水漏れ」のあった人物でもあった。加えるなら、惜しむらく、トップリーダーとしてはいささか「器用貧乏」過ぎたと言えたのだった。

超短命にして政権としての仕事はほぼゼロ、採点は不能である。

リーダーシップ診断チャート

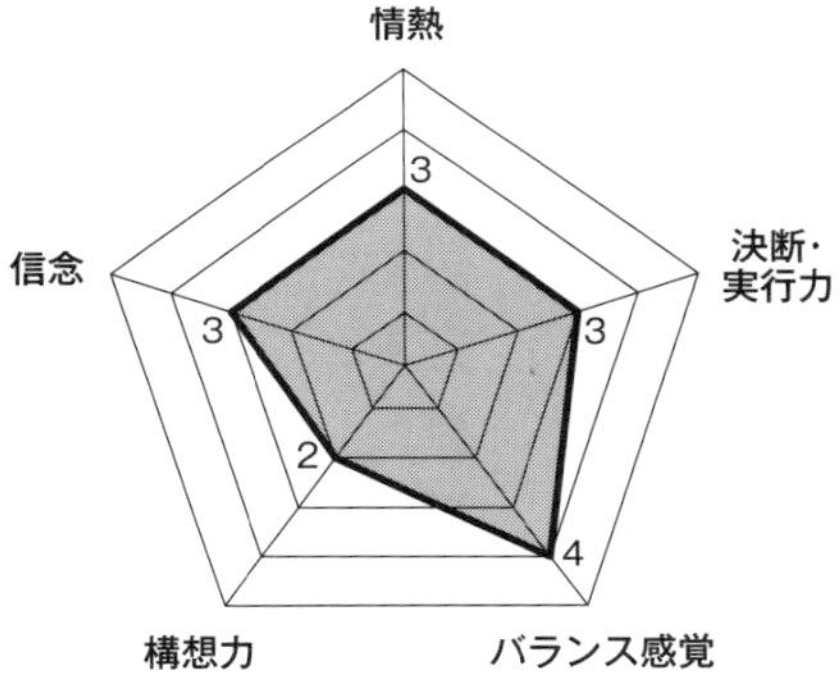

総理大臣としての実績総合評価

採点不能

第48代 海《かい》部《ふ》俊《とし》樹《き》

昭和6（1931）年1月2日、名古屋市生まれ。中央大学法学部から早稲田大学法学部に編入学。昭和35（1960）年11月、衆議院議員初当選。福田内閣・第2次中曽根内閣でともに文相。平成元（1989）年8月、宇野退陣を受けて自民党総裁、内閣組織。総理就任時58歳。令和4（2022）年1月9日、91歳で死去。
総理大臣歴：1989年8月10日～1991年11月5日

政権基盤脆弱のなかで苦闘した「弁論の士」

海部俊樹の〝売り〟は、一にも二にもその雄弁ぶりにあった。

愛知県の旧制東海中学時代から県下の弁論大会に出ればすべからく優勝で、卒業後は弁護士を目指して中央大学専門部の法科に入るとともに、弁論部（「辞《じ》達学会《たつがっかい》」と呼ぶ）にも入った。ここでも全国の大学に「海部あり」が知られていたが、弁護士志望でガリ勉ばかりの中大に物足りなくなり、3年次に早稲田大学法学部に編入学、ここでも弁論部（「雄弁会」と呼ぶ）に入っている。

この早大雄弁会でも、全国学生弁論大会で数々の優勝を果たし、当時の雄弁会会長を務めていた時子山常三郎《ときこやまつねさぶろう》教授（のちに早大総長）から、次のように絶賛されたのだった。

「これまで多くの学生諸君の弁論を聴いてきたが、海部君の演説に優るものをかつて耳にしたことがない。海部の前に海部なし、海部の後に海部なし。この一言に尽きる」

早大では大学院に進む一方で、同郷の河野金昇《こうのきんしょう》代議士の秘書もやるなど、学生と政治家秘書の〝二足のワラジ〟をはいた変わり種でもある。その河野代議士が急逝したのを機に後継となり、初当選を飾ったあとは河野が所属していた三木（武夫）派に入ったのだった。

その三木は、「バルカン政治家」と呼ばれたように「金権政治批判」「政治改革」を標榜しつつも、一方でなかなかの権謀術数ぶりを示したことは知られている。しかし、海部の政治手法は〝親分〟の三木とは違って「弁論」が前面に出るいわゆる正攻法で、そのかもす一種のさわやかさから、次第に「自民党のホープ」「自民党のネオ・ニューリーダー」との声も出るようになっていった。ために、福田赳夫、中曽根康弘の両内閣では、文部大臣として起用されてもいる。

その後、海部には思いもよらなかった政治家としての扉が開かれることになった。

中曽根のあと竹下登が政権の座にすわったが、リクルート事件に関与して約1年半で退陣を余儀なくされた。竹下が影響力を保持するために担いだ後継としての宇野宗佑政権は、就任早々スキャンダル発覚の直撃を受け、わずか69日間で退陣を余儀なくされるなど、混沌とした政治状況が続いた。しかし、竹下の影響力は落ちず、早大雄弁会の先輩でもある竹下が宇野の次に担ぎ上げたのが海部ということだった。

しかし、海部政権の「船出」は、初めから危惧されていた。時に、三木派は代替わりして河本（敏夫）派となっていたが、河本派は自民党最小派閥だったことから政権基盤が弱かった。また、一方で海部自体が、文相2回の文部行政経験だけで、経済、財政などの内政から外交まで、どれを取っても〝門外漢〟だったから、自民党内の海部政権を取り巻く環境はなんとも厳しかった。

とくに、折からの湾岸戦争に絡んで130億ドル拠出と自衛隊派遣を最大派閥・竹下派を牛耳る形だった小沢一郎幹事長から強要され、抗すべき何物も持たなかったテイタラクぶりを早々に見せつけた。

こうした事態は、結局、小沢らに押し切られる形で、平成2（1990）年10月、自衛隊を平和維持活動の「協力隊」とするという名目で、PKO（国連平和維持活動）協力法案として提出を余儀なくされた。しかし、この法案自体も中身があまりに杜撰《ずさん》、政府答弁は大混乱といった失態のうえ、世論も自衛隊の初の海外派遣に反対が根強く、結局、法案は衆院で廃案を余儀なくされるなど、ここで海部政権の自民党内での求心力は、すでに地に堕ちたと言ってよかった。

この湾岸危機を通じて、何一つ独自色を発揮できなかった海部のトップリーダーとしてのリーダーシップ欠如は、決定的となったということだった。海部は最後の抵抗と言うべきか、ここで「重大決意」なる表明を発表し、衆院の解散・総選挙で民意を問う姿勢を見せたのである。

しかし、竹下派の小沢一郎らはまったく聞く耳を持たず、首相の専権事項の解散権も封じられたうえで、政権にピリオドはやむなしとなったのだった。

◆ぶれる「軸足」、大きな「振幅」

政権を降りたあとの海部俊樹の政治行動の「振幅」は、それにしてもあまりに大きかった。

海部はのちに小沢一郎に担がれ、自民党と社会党が推した社会党の村山富市と総理を争ったが惨敗、ここで自民党を離党して小沢が立ち上げた新進党の初代党首となったのである。

さすがに、こうした海部の動きには、自民党から猛烈な批判の声が出た。自民党総裁（総理）を経た者が離党、しかも対抗勢力の首相候補になるなどは前代未聞であったからだ。怒った自民党は、党本部総裁室に飾られている歴代総裁の額から、海部のそれをはずしてしまったものであった。

しかし、海部の「振幅」の大きさはこれにとどまらなかった。その後、保守新党が旗揚げされるとこんどはこちらに入党、その保守新党が自民党に合流することになったことで、さらにまた自民党に戻るといった迷走を繰り返した。ここでは政治家としての「軸足」は見えず、振り返れば小党のリーダーとして巧みな遊泳術を発揮、「バルカン政治家」と言われた師匠の三木武夫に似ていなくもなかった。

しかし、三木とこの海部の師弟、異なっていたのは良くも悪くも三木には、海部にはない信念の強さとしたたかさが目立っていたということであった。

海部は平成21（２００９）年8月の総選挙の落選、それをもって政界を引退した。

振り返れば、竹下派とりわけ同派の実力者だった小沢一郎の意向に抵抗できず、自衛隊の初の海外派遣に道を開くと同時に、掲げた「政治改革」も何らの成果を上げなかった。

総理経験者が自民党を離党、他党に入ってはまた自民党に戻るなどの迷走は前代未聞、ここでの減点も含めて5点止まりとした。

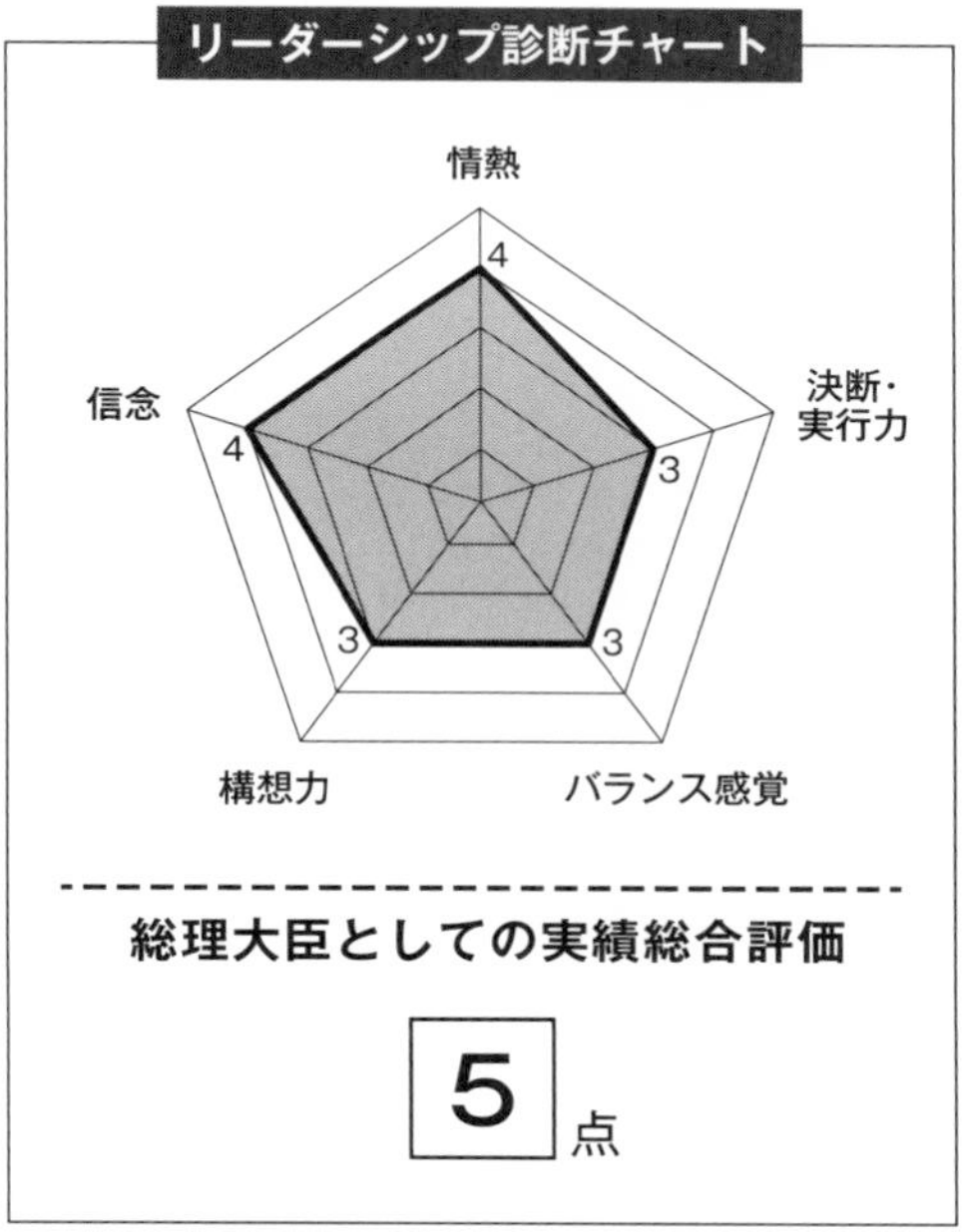

第49代

宮《みや》澤《ざわ》喜《き》一《いち》

大正8（1919）年10月8日、東京都生まれ。東京帝国大学卒業後、大蔵省入省。昭和28（1953）年4月、参院選で初当選、のち衆院に転じる。平成3（1991）年11月、内閣組織。総理就任時72歳。内閣不信任案可決で解散、総選挙後、退陣。平成19（2007）年6月28日、87歳で死去。

総理大臣歴：1991年11月5日～1993年8月9日

理論先行のエリートは「孤高の政権」

東大法学部卒の〝巣窟〟にして、並み居る省庁の中でも「エリート中のエリート官庁」とされているのが財務省（旧・大蔵省）だが、「省史」を紐解いてみると、先にも触れたが、その中でもさらに飛び抜けての秀才が二人浮上してくる。のちに総理となる先に登場した福田赳夫と、この宮澤喜一である。

宮澤は東京帝国大学法学部を首席で卒業、大蔵省に入った。スゴイのは、入省のための当時の高等文官試験（現在の国家公務員総合職試験）で、行政科の一つをパスして入省してくる者が多い中、宮澤はナントもう一つ外交科の試験もパスしてきたという極め付きの秀才だった。

なるほど、大蔵官僚として鋭い分析力、語学力、実務能力の高さから何をやらせても堅実に仕事をこなし、省員の誰もが一目置いていた。

出世の糸口は、まず大蔵省先輩の池田勇人（のちに総理）の目に止まったことに始まった。池田は当時の吉田茂総理に買われて次官から政界入り、代議士1年生にして大蔵大臣に抜擢される。その池田蔵相の秘書官として取り立てられたのだった。

仕事ぶりは常にソツなく、池田が総理の座に就くと「池田側近」として、とりわけ対米交渉の舞台裏で、存分に腕を振るった。米国の高官いわく「ミスター池田は、小さいがキラリと光るダイアモンドを持っている」と、宮澤の存在をうらやましがったほどである。

なるほど、その後、政界入りした宮澤は、佐藤栄作、三木武夫、鈴木善幸、中曽根康弘、竹下登といった歴代内閣では、ほとんど休むことなく閣僚として重用された。やがて自らが政権に就き、その後退陣したあとでも、小渕恵三、森喜朗の両内閣で大蔵大臣として起用されるという異例ぶりで、これは総理を退いたあと経済、財政の立て直しのために大蔵大臣として起用された「だるま宰相」高橋是清に擬せられたものであった。

そうした閣僚歴は経済企画庁長官に始まり、通産相、外相、官房長官、副総理、そしての蔵相ということで、その間、見るべき瑕疵がなかったのだから、なんとも手堅い男ではあった。

しかし、こうした宮澤を評価しなかった人物がいた。田中角栄であった。この田中の「盟友」で、池田勇人の創設した派閥「宏池会」で宮澤とともに池田を支えた大平正芳（のちに総理）の政権もまた、宮澤に一切、閣僚ポストを与えなかったものだ。大平が「宏池会」を率いて最も苦境のとき、派閥幹部だった宮澤が泥をかぶったり汗をかくことがなかったことなどから、その関係は冷え切ったものとなっていたのだった。

田中角栄のもとで長く秘書を務めていた早坂茂三（のちに政治評論家）は、筆者に田中の〝宮澤観〟を、次のように話してくれたことがあった。

「親父（田中のこと）さんは、総理になる前、一度だけ宮澤と酒席を共にした。あとで言っていた。『アイツは食えん。たしかに、秘書官としては第一級だが、政治家じゃないな。二度と酒は飲みたくない相手だ』と。

政治というものは、そら道路を直せ、橋を造れという地元選挙民の不満を払拭することだとしてきた親父さんだ。対して、そんなことは県会議員がやること、国会議員は世界をにらみながら国のカジ取りをやるべきとしたのが宮澤で、まったく噛み合わなかったということだ。〝リベラルな知性派〟としての評価もあった宮澤だが、親父さんは突き放して見ていた」

早坂は、宮澤が通産相時代のこじれにこじれた日米繊維交渉を前進させることができず、田中が通産相になってあっという間にこの交渉を落着させた例を引き、「田中はあのとき、３０００億円のカネを引っ張り出して日本国内の繊維業者を黙らせた。そうした腕力は宮澤にはなかった」とも付け加えたのであった。

◆擬せられた「十五代将軍・徳川慶喜」

その宮澤喜一が総理に座ったのは、じつに72歳になってであった。

中曽根康弘の「裁定」で選ばれた後継の竹下登がリクルート事件で躓き、しかし影響力温存を窺う竹下は自分のあとの政権に、宇野宗佑、海部俊樹を担いだ。両政権は〝弱体政権〟であった。その海部政権後を巡って、竹下派に主導権争いが生じた。

竹下自身は竹下派幹部だった橋本龍太郎を後継として視野に入れていたが、同派で力をつけていた小沢一郎が後継を争う形だった渡辺美智雄、三塚博、そして宮澤の三人を自らの事務所に呼びつけて〝面談〟、結果、宮澤を選んだということだった。こうした異例の形での総理選出に、当時を取材していた政治部記者の話が残っている。

「宮澤としては、これは最大派閥竹下派の〝お墨付き〟を得たということだったが、人生最大の挫折感を味わった瞬間でもあった。プライドが人一倍高い宮澤が、若造の小沢に事務所に呼びつけられたのだから当然。選ばれた宮澤に、笑顔は皆無だった」

その宮澤内閣は、初の所信表明演説で「生活大国」づくりを打ち出した。師匠・池田勇人の「所得倍増計画」を敷衍させた形での「資産倍増計画」を打ち出したが、結果的には果たせなかった。前任の海部内閣が積み残した「ＰＫＯ（国連平和維持協力）法案」と、小選挙区制導入を軸とした「政治改革」問題に振り回され、とても手がつけられる状態にはなかったということだった。

やがて、宮澤を選出した小沢一郎が竹下登と決別、自民党を離党して野党8党派による「非自民政権」としての細川護熙連立政権の樹立に成功、よって宮澤は退陣を余儀なくされた。自民党は昭和30（１９５５）年11月15日の保守合同での結党以来、じつに38年目にして初めて政権の座からすべり落ちたのである。自民党15代総裁でもあった宮澤は、大政奉還で徳川幕府に幕を引いた「十五代将軍・徳川慶喜」に擬せられたのだった。最後まで〝汚れ役〟ができずの「孤高の政権」として、象徴的な退場でもあったのだった。

理論家としては一級だったが、政権としての実績は乏しく6点止まりとする。

戦後歴代総理　〈第49代〉宮澤喜一

リーダーシップ診断チャート

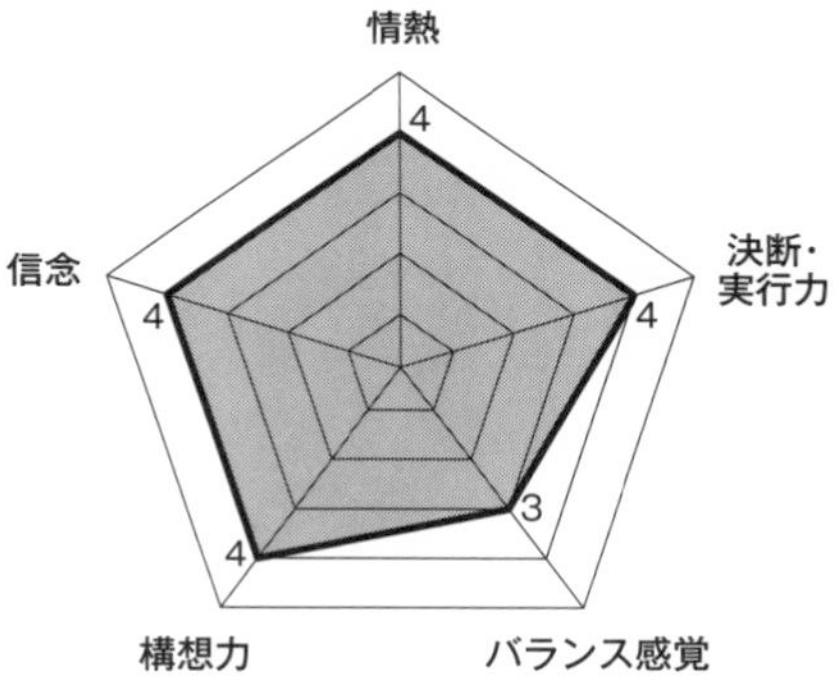

総理大臣としての実績総合評価

6 点

第50代

細《ほそ》川《かわ》護《もり》熙《ひろ》

昭和13（1938）年1月14日、東京都生まれ。上智大学法学部卒業後、朝日新聞社入社。昭和46（1971）年6月、参議院議員初当選。熊本県知事を経て、日本新党を結成。平成5（1993）年8月、非自民政権としての細川連立内閣組織。総理就任時55歳。その後、政界引退。
総理大臣歴：1993年8月9日〜1994年4月28日

連立時代へ口火を切った「殿様政権」

自民党を離脱、新生党の代表幹事として野党に転じていた小沢一郎の大仕掛けにより成立したのが、この細川護熙政権であった。政権発足直後の内閣支持率は、じつに83％（『読売新聞』）と異例の高さで、期待の大きさが顕著であった。

時に、小沢は自らの新生党に公明党、社会党、新党さきがけ、細川が立ち上げた日本新党など野党8党派を糾合、細川をミコシに担ぐ形での連立政権を構築した。しかし、この「非自民連立政権」は、企業ならシンボルとしての会長が首相の細川であり、実質的な代表権を持つ社長が小沢であったことも手伝い、結局は1年にも満たぬ短命政権を余儀なくされたのだった。

細川が、まず公約として持ち出したのは、「政治改革」であった。ここでの「政治改革」とは、一つに衆院の小選挙区比例代表並立制の導入、もう一つが政党助成金交付ということだった。これは小沢の狙いそのもので、その政界再編、政権交代可能な二大政党を想定したものだった。

これらは政治改革関連法案として提出され、衆院では修正のうえ可決したが、社会党が小沢のあまりの独断ぶりに音を上げ、参院では反対に回って、結局は否決されてしまった。ちなみに、社会党はこれを機に連立離脱の機運が高まり、これがのちに村山富市委員長を首班とした自民党との連立を組む芽になってくるのである。

さて、政権の旗印とした「政治改革」が頓挫では〝会長〟の座は危ういということで細川が打った手は、自民党の河野洋平総裁とのトップ会談だった。ここで、自民党との間で衆院の小選挙区３００、比例代表２００とするなど10項目にわたる合意ができ、ここに昭和22（１９４７）年以来続いた衆院の中選挙区制にピリオドが打たれることになった。

しかし、公約を果たせてホッとしたのもつかの間、担がれたミコシは、小沢から次なる要求を突きつけられるのであった。高齢化社会を迎える中で、年金、医療などの社会保障の財源として、「国民福祉税」の新設、導入を強いられたということだった。

しかし、記者会見でこの構想をブチ上げることになった細川だったが、構想の中身がよく練られていなかったことから答弁はしどろもどろ、これに対してまたしても社会党が批判の声を挙げたことで、この構想は白紙を余儀なくされてしまった。

同時に、ここに至って社会党の連立離脱は決定的になったのだった。ここでは、常に社会党とのバランスに腐心せざるを得なかったことから、細川内閣は「ヤジロベー政権」とも言われたのである。

こうして連立与党内から信頼を失った細川政権が崩れるのは、アッという間であった。「国民福祉税」構想がブチ上げられた直後、折り悪しく細川自身に対する東京佐川急便からの1億円借り入れ問題、義父名義のNTT株取得に関する疑惑が浮上した。国会答弁では明確さが欠け、スキャンダルで窮地に追い込まれたということであった。

よせばいいものを、先の政治改革関連法案を「年内（平成5年）に成立しなければ責任を取る」と明言していたことも手伝って、ついに退陣表明を余儀なくされたということである。ここでは「ヤジロベー政権」の一方で、「気まぐれな殿様政権」の〝異名〟も一枚加わったのだった。その「殿様」とは、母方の祖父が戦前の近衛文麿総理であり、細川自身が肥後54万石の熊本藩主・細川家の18代当主と〝毛並み〟のよさから来ている。

幼少の頃は、常にしつけ役の「おばば様」がおり、周囲は細川に対し「若様、若様」と腫れ物にさわるような扱いだったのだ。言うなら、こうした〝殿様気質〟のおおらかさの一方で、脇の甘さが招いた短命政権だったということであった。

加えるなら、細川はそうした地元の堅固な支持基盤に乗り、本来の苛烈な選挙戦とは縁遠い中で、参院議員、熊本県知事を経、衆院に転じて1年生で総理大臣の頂にのぼったことから、魑魅魍魎の政治の世界のワナに落ちたとも言えなくもなかった。

◆出色のパフォーマンス

そうしたいささか緊張感に欠けた細川政権ではあったが、細川自身の言葉は常になめらか、新鮮であった。日本新党結党の際には、「回転ドアはいつでも回している。志ある者は誰でも、いつでも入ってきて欲しい」などと、二世議員が大挙していたそれまでの政治の閉鎖性を批判したといった具合であった。

また、それまでの「政治スタイル」も一変させて見せた。記者会見でも、それまでは総理はイスにすわったままだったが、演壇の前に立って答弁するという〃欧米派〃を採用した。一方でプロンプターを使って国民に語りかけるスタイルに変えた。さらに、質問者をボールペンの先で指名したり、公務以外ではいささかいかめしい議員バッジをわざわざはずすなど、古い政治家像からの脱却に腐心したようであった。

極め付きは、夫妻で飛行機のタラップを降りるときで、下で待ち受けるカメラマンに向けてさり気なく夫人にマフラーを巻いてやるなど、「パフォーマンス」ぶりは出色の総理大臣でもあった。

その細川の好きな言葉は、「寄在芙蓉第一峯」であった。細川と同じ熊本生まれで、幕末の開国論者として名の高かった横井小楠《しょうなん》のそれで、意味するところは〃富士山のような一番の山でありたい〃というものである。

現在の細川は政治活動からはすっぱりと足を洗い、神奈川県真鶴を居宅として、陶芸、畑仕事、あるいは旅に出るなど「晴耕雨読」の日を送っている。

総理の座に就いた者の圧倒的多くがその座に執着したものだったが、細川にはそれがなかった。「殿様」は、何事もおおらかということのようであった。

細川政権以降、この国の政治はここを出発点としての曲がり角としての、連立政権時代に入ることになる。

細川が総理に就任した頃、世界では東西冷戦が終わり、日本でも自民党と社会党の長い対決の「55年体制」にピリオドが打たれた。何かが変わる予感に満ちた世相ということでもあった。

細川も総理就任演説でこう宣言した。

「一つの時代が終わりを告げ（中略）、21世紀へ向けた新しい時代が、今、幕開きつつあることを宣言したい」

「新たな時代」を牽引できなかったことが惜しまれる。いま、細川が果たした「政治改革」としての小選挙区制度の弊害も出てきている。政権としての実績は、惜しむらく5点とさせて頂くことにする。

もう少し政権を引っ張ることができたら、さらにわが政界に新風を送ることができたのではないかの思いはある。

リーダーシップ診断チャート

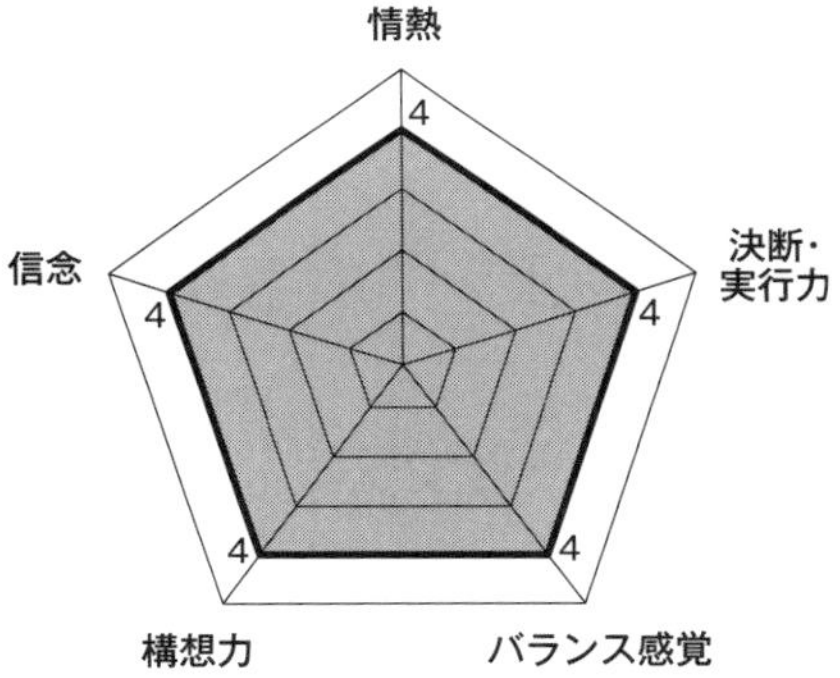

総理大臣としての実績総合評価

5 点

第51代

羽《は》田《た》孜《つとむ》

昭和10（1935）年8月24日、長野県生まれ。成城大学卒業後、小田急バス入社。昭和44（1969）年12月、衆議院議員初当選。新生党結成。平成6（1994）年4月、羽田連立内閣組織。総理就任時58歳。総辞職後、民主党に参加。平成29（2017）年8月28日、老衰のため死去、享年82。
総理大臣歴：1994年4月28日～1994年6月30日

「庶民感覚」で短命に終わった〝ミスター政治改革〟

「あんた、総理になるのもいいが〝短命〟で終わるぞ。それでもいいのか」

自民党を結党以来初めて野党に突き落とし、日本新党の細川護熙を総理大臣に戴いた共産党を除く野党8党派による「非自民連立政権」誕生の立て役者、小沢一郎は、羽田孜に向かってそう言った。結局、1年足らずでその細川政権がスキャンダルによって失脚、その後釜に担ぎ上げられたのが、新生党党首の羽田孜ということであった。

羽田は小沢一郎らと自民党竹下派を割り、新生党として「非自民連立政権」づくりに汗をかいた。細川が失脚する直前には、新党さきがけが8党派を牽引する小沢の〝独善性〟にイヤ気がさして離脱、時に社会党の離脱もまた〝時間の問題〟とされていた。

そうした中で、政局にたけた小沢は、細川が失脚する前にすでにこの「非自民政権」の行方、すなわち崩壊を読んでいた。しかし、とにもかくにも細川の「次」を決めなければならない。冒頭の言葉は、そうした状況下で羽田を前に、小沢が発したそれである。小沢はすでに、自民党が新党さきがけ、社会党と図って政権奪還に動いていることを知っていたのだった。

小沢の言葉に、羽田は言ったのだった。

「(短命でも)かまわない。やってみる。よろしく頼む」

かくて、羽田連立内閣が組織された。しかし、小沢の言葉通り、この政権は超短命で終わった。政権の〝寿命〟は、かの69日間だった宇野宗佑政権より短い64日間というものであった。

羽田という政治家は、自民党竹下派離脱直前には「ミスター政治改革」との異名があったように、カネのかかる政治を〝諸悪の根源〟として斬って捨てていた。竹下派時代、小沢と並んで同派最高幹部だった金丸信（元副総裁）が、「平時の羽田、乱世の小沢、大乱世の梶山（静六）」と以後の政治状況いかんでのトップリーダーとなる〝資質〟をこう指摘していたものだった。

これに対し、羽田はこう言っていた。

「私のことを総理・総裁になどと言われるのはありがたいが、本当にやりたいのは衆院議長なんだ。与野党が信頼関係を持って真に話し合いのできる国会、すなわち国会改革をやりたいのだ。それは政治改革と同一線上にあるものだと思っている」

また、筆者が、羽田が自民党竹下派を離脱する直前にしたインタビューでは、こうも言っていた。

「いまの自民党は〝おごり〟と言われるが、むしろ惰性の固まりと思っている。〝おごり〟があるくらいなら、〝金属疲労〟なんて言われない。党としての活力、ダイナミズム、緊張感、どれを取っても足りない」

「政治の世界は、決して特別な世界じゃない。言葉一つとっても、なぜ〝永田町用語〟で、ふつうの言葉でいけないのかが分からない。だから、国民から自民党政治は分かりにくいと言われる。庶民感覚を大事にしたい」

ために、総理就任初の所信表明演説でも「血のつながる政治、心につながる政治、普通の言葉に通じる政治を心掛け、そのための〝改革と協調〟に力を入れる」としたのだった。

しかし、細川政権が倒れたなか、時すでに「非自民政権」は無力化しており、取り組んだ平成6（1994）年度予算案成立後に、早くも羽田内閣は総辞職を表明せざるを得ない状況になっていた。政権は少数与党となっており、野党の自民党からは内閣不信任決議案提出の動きも出ていたことから、提出されれば可決は必至のなかでの超短命での内閣総辞職の表明であった。

◆「羽田農政」には実績

羽田は「二世議員」ながら、当初は政治の世界に入る気はなかった。成城大学を卒業後「小田急バス」に入り、本社の観光課係長などを経て、企画調査室課長で退職した。

この間の10年のサラリーマン生活で、羽田が企画した文学ゆかりの地を巡る観光バスによる「文学散歩ツアー」は、同社の〝ヒット企画〟となっている。こうしたなかで、のちに政界に入っても変わらなかった「庶民感覚」が育まれたと言ってよかったようだ。

政界入りは、代議士だった父親の病気による引退によるものだった。羽田は望まなかったものの、地盤を継がざるを得ない政治家の家に生まれた宿命であった。

昭和44（1969）年12月の総選挙に初出馬、当選を飾ると、自民党佐藤（栄作）派に入った。このときの選挙を仕切ったのが、佐藤派幹部で幹事長の田中角栄だった。時に、小沢一郎も同期当選をした。当選してきた二人に、田中は言った。

「この二人は、ワシが育てる」

佐藤派のあとは、事実上、田中が田中派として継ぐことになるが、羽田は一貫して農政を勉強した。生産者、消費者の双方をにらみながらのバランス感覚にすぐれ、「羽田農政」とし自民党内の一角を占めた。第2次中曽根康弘内閣、引き続いての竹下登内閣で農水相を務め、その後も蔵相、外相のポストも踏んでいる。また、竹下派では、小渕恵三、橋本龍太郎、小沢一郎、梶山静六、渡部恒三、奥田敬和とともに「七奉行」と言われた〝期待の星〟でもあった。

二世代議士が総理になったのは、その時点で羽田は芦田均、鳩山一郎、宮澤喜一に続く4人目だったが、以降、こうした〝傾向〟は顕著となっている。

しかし、そうした二世のトップリーダーに共通するのは、部下からの畏怖が物足りず、政権が苦境に立ったときのねばりがないということもある。そのあたりが、いわゆる「叩き上げ」の議員と大きく違う点である。「叩き上げ」は、時には危ない橋を渡りながら手に入れたものだけに、ねばりにねばるのが常なのだ。

　羽田が小沢らとともに竹下派を割り、自民党を離脱したとき、同派領袖の竹下登はこう嘆いたのだった。

「羽田はあんなに軽かったのか」

「政治改革」への意識は強かったが、戦後2番目の64日間の政権で何も具体的に進められず、他の政権実績も見られぬことから採点は不能とした。

リーダーシップ診断チャート

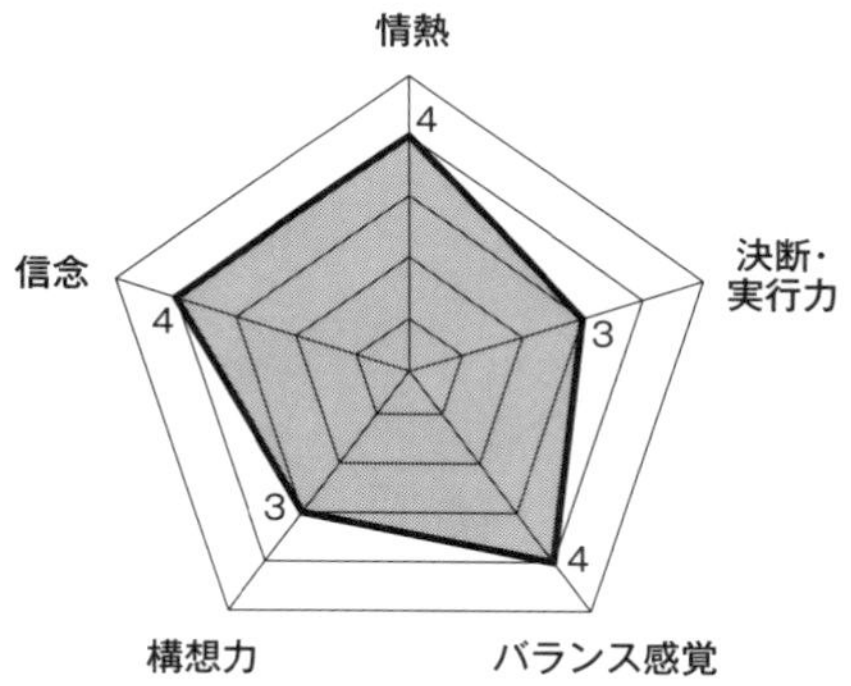

総理大臣としての実績総合評価

採点不能

第52代

村《むら》山《やま》富《とみ》市《いち》

自民党が苦肉で担ぎ上げた「社会党政権」

大正13（1924）年3月3日、大分県生まれ。学徒出陣、明治大学専門部卒業。大分市議、県議を経て、昭和47（1972）年12月、社会党より衆議院議員初当選。平成6（1994）年6月、村山連立政権組織。総理就任時70歳。平成12（2000）年6月、政界引退。現在は社民党名誉党首。
総理大臣歴：1994年6月30日〜1996年1月11日

人柄誠実で聞こえた村山富市は、総理大臣就任が決まった瞬間、周囲に「困った、困った」と口にしていたが、やがて次のようにハラをくくった。
「東西冷戦が終焉し、55年体制が崩壊するなど内外情勢が激変する中で、自民党も社会党も変革する必要がある。そういう時期に、社会党党首の自分が総理になった。ために、自分には歴

史的役割と任務があると思っている。そして、これは天命にして使命でもある」(「私の履歴書」日本経済新聞社)

戦後間もなくの片山哲内閣以来47年ぶりの社会党委員長として、この国のトップリーダーとしての覚悟が固まるや、その心境を村山はそう述懐している。

羽田孜内閣の総辞職を受け、それまで下野していた自民党は「非自民連立政権」から離脱した社会党、新党さきがけと組み、この村山を首班とする「自社さ」3党政権という〝奇手〟で政権の奪還を図った。

村山は長らく社会党左派の立場から、「55年体制」下で自民党政権と対峙してきている。それがある日、自民党からの「君が総理大臣をやってくれ」であり、もとよりその準備は皆無だった。一般の企業なら、労働組合の委員長が、突然、社長に担ぎ上げられ、ナニから手をつけていいものか途方に暮れるの図に似ていた。

ところが、政権は1年半にわたり、なんとか〝安定政権〟を保つことができた。このフシギ、しかし村山には天下取りに不可欠な「天の時、地の利、人の和」の3条件が揃っていたといってよかった。

「天の時」は、時代が村山を引っ張り出したということだった。平成6(1994)年という年は、長かった世界の東西冷戦構造が崩れ、それに伴って世界的にイデオロギー対決の時代が終息、ために社会党という政党の在り方も問われる空気が出ていたことによる。「地の利」はと言うと、そうした〝迷える社会党〟にタイミングを合わせるように、絶好の誘い水として政権奪還を窺う自民党には、「数」が不足していたということだった。まさに、のるかそるかで、「自社」両党の間にアウンの呼吸が成立した格好だったのだ。

そしての「人の和」は、村山が時の自民党で発言力があり、クセ者にして〝ハト派〟の後藤田正晴、梶山静六、野中広務といった面々にその人柄を買われ、ミコシとしての村山にこれら実力者が揃って汗をかいたからということだった。逆に言えば〝担がれ上手〟の体質が村山にはあったということのようだった。

なるほど、1年半の村山政権の実績を点検してみると、冒頭の村山の言葉にあった自らに課されたとする「歴史的役割と任務」は、まずは果たした格好ではあった。

総理に就任した村山は、まず「日米安保体制の堅持」「自衛隊の容認」を表明、「日の丸・君が代」を国旗・国歌として認めるという、それまでの社会党からすれば、まさにコペルニクス的な政策の大転換をやってみせた。これらは、やがて党の基本政策として採決され、ここに事実上、社会党は解党されたといってよかったのであった。一方で、先の自民党の〝クセ者三者〟の思うツボでもあったということである。

また、政権2年目に入った平成7年8月15日の終戦記念日には、過去の日本の「植民地支配と侵略」に「痛切な反省」「お詫びの気持ち」との「村山談話」を表明、閣議決定もした。のちの自民党の各内閣も、以後、この閣議決定を踏襲しているのである。

一方で、こうした「歴史的役割と任務」を果たしたほかに、被爆者援護法の制定、水俣病未認定患者の全員救済といった〝社会党らしさ〟も示した。しかし、一国のトップリーダーとしての国家観の披歴、あるべき国家ビジョンを掲げることはなかった。労働組合委員長が、突然、社長に担ぎ上げられ、「あるべき会社のビジョンを掲げよ」と迫られても、それはいささか酷ということでもあったのである。

◆無力だった危機管理

一方、ある種、安定政権ではあったが、身の丈に合わなかったことも多々あった。その最たるものが、未曾有の「阪神・淡路大震災」や「オウム事件」に直面したが、村山自身は危機管理という点ではほぼ無力であった。総理になるまで官邸にほとんど顔を出したことはなく、当然、官邸の情報収集システムにさえうとかったのだから、ムリもない。村山はオロオロするばかりで、事実上、そうした対応は自民党がすべて仕切ったものだった。

また、沖縄の駐留米兵による少女暴行事件が起こり、この「沖縄問題」は一つ間違えば日米関係がゆがみかねなかったが、やはり自ら手を打つ姿勢は示さず、いたずらに沖縄の〝不満〟を聞くにとどまる形になっている。すでに、この間の平成7年4月の統一地方選で足元の社会党が敗北、一方で社会党内のゴタゴタも目立ち、この頃には村山自身の政権維持への気力もなえたようだった。

そうした中、米紙「ウォール・ストリート・ジャーナル」は、いささかキツイ記事を掲げた。

「無気力な対応しかできぬ村山政権は、もはや〝ミイラ政権〟である」

政権末期、村山と親しかった政治部記者は、村山のこんな問わず語りの声を聞いている。

「『家内には苦労をかけた。働きに働いて私を支えてくれた家内が可哀想でならない。選挙区（大分県）の100年以上経つボロ屋を建て直し、ホッとさせてやりたい』と。総理は元々、物事に執着のない人だから、精一杯やればそれでいいんじゃないかとの思いが窺えた」

退陣後は、社会党を社民党と党名変更、党勢の新たな拡大を策したが、世の追い風はなかった。白く長い眉毛で「トンちゃん」と親しまれた村山は、いまなおかくしゃくとしている。

今や〝風前の灯〟の社民党が、唯一の心残りでもあるようだ。

総理としての実績評価は、〝担がれ上手〟を発揮、自民党の実力者のあと押しを受けながらも「村山談話」をして賛否両論はあるものの戦前・戦中に行ったともされている「植民地支配と侵略」に反省とお詫びを表明、閣議決定で〝一区切り〟をつけたことなども含め、まずまず合格の評価としたい。

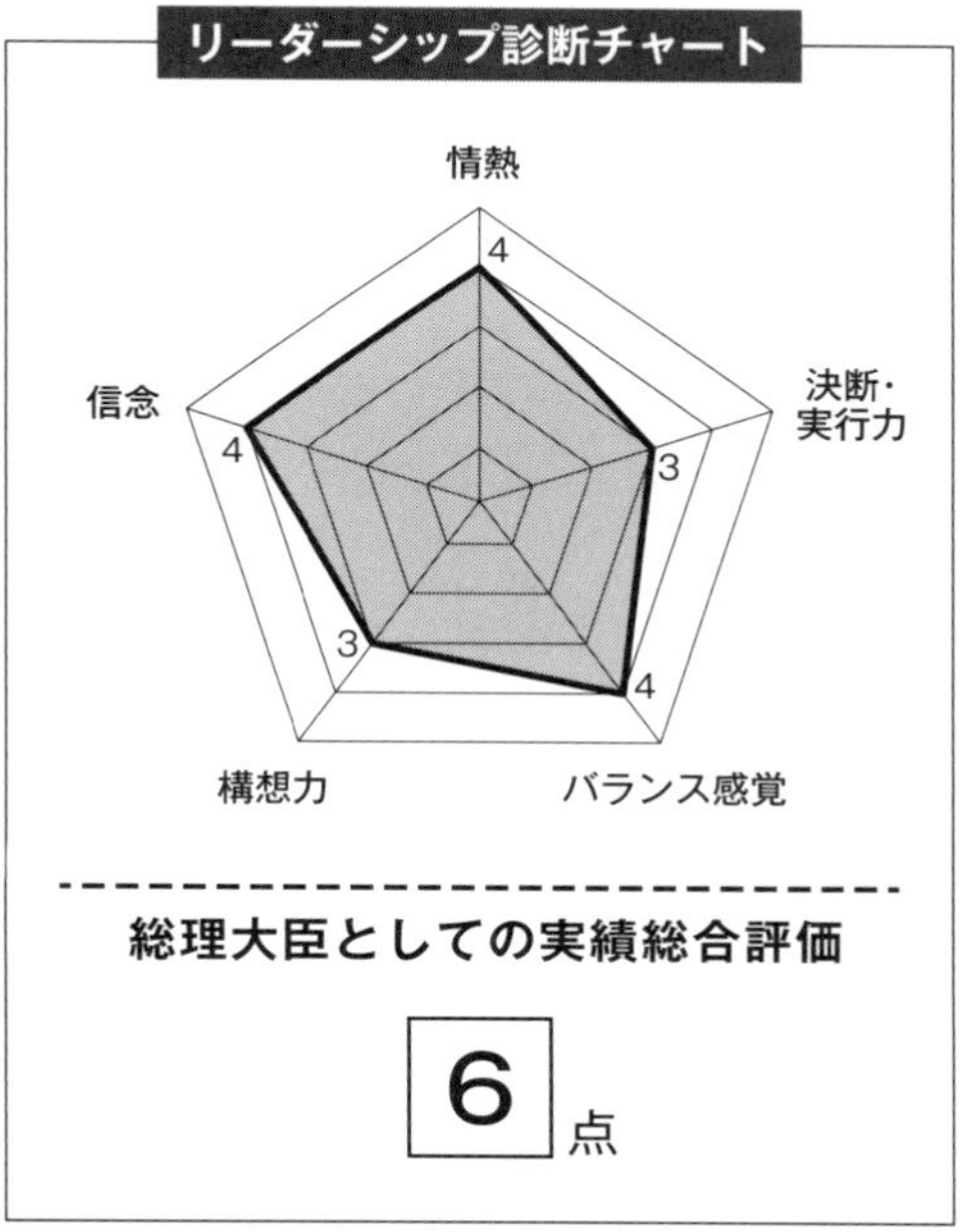

第53代

橋本龍太郎《はしもとりゅうたろう》

昭和12（1937）年7月29日、東京都生まれ。慶応大学法学部卒業後、呉羽紡績入社。昭和38（1963）年11月、26歳で衆議院議員初当選。平成7（1995）年9月、自民党総裁選で小泉純一郎をおさえて総裁就任。平成8（1996）年1月、橋本内閣組織。総理就任時58歳。平成18（2006）年7月1日死去。享年68。

総理大臣歴：1996年1月11日～1998年7月30日

カミソリの切れ味発揮の「仕事師内閣」

「小沢（一郎）はナタの魅力だ。黙々と仕事をして、やるときはドスンと決断する。一方の橋本（龍太郎）はカミソリだな。頭脳明敏、スパッとした切れ味が魅力だ」

総理大臣となった田中角栄は、多士済々が蝟《い》集《しゅう》した田中派の中で、若手として有望視されていた小沢一郎（元自民党幹事長・現立憲民主党）と橋本龍太郎を比べ、こう評したものであった。

その橋本には、若い頃から数々の異名があった。その背景は、諸々の自信あるいは自信過剰から付いたもので、「風切り龍太郎」がいい例だった。文字通り怖いものなしで、永田町を肩で風を切ってカッポするところからついている。

そのほか、ヘタに触れれば血の出るような逆襲をされることから「カマイタチ」、食らい付いたらカンタンには離れぬことから「タコ」、形容詞としては「血の気が多い」「ケンカっ早い」などがあった。

なるほど、若い頃から血の気は多く、麻布高校時代はチンピラにからまれて立ち回り、相手のナイフが橋本の左眼の下をかすめて、この傷跡は総理になっての後年もうっすらと残っていた。

また、1年生議員のときは、自民党本部の職員に組合がないのを知るや、先輩議員に「いまの時代、社会で、こんなことはおかしいのでは」と食い下がったが、先輩議員から「キミ、余計なことは言わんでいいんだ」と一喝されたといった具合だった。〝筋〟にはうるさい男であった。

白眉は、タテつくことなど誰一人いない権力の絶頂にいた「親分」田中角栄に、堂々の反論をしたことだった。

田中が医科大学のない県の解消のため、全国的に医科大学を置こうとの計画を示したが、橋本はこれに「時期尚早」と迫ったのだった。結局、この件は田中も譲らず、橋本をコンコンと諭《さと》して言い含めたのだが、自信家の橋本はそれでも党幹部に言ったものだった。

「僕は間違ってるとは思っていないですよ」

しかし、かく言うだけあって、橋本の仕事師ぶりは、田中が口にした「カミソリの切れ味」ぶりを発揮し続けた。とくに、厚生行政には絶対の自信を示したものだった。

大平正芳内閣で厚生大臣として初入閣したが、長い間の厚生省（国）と日本医師会の断絶状態を氷解させてみせた一方、これも揉め続けた懸案の「スモン訴訟」を見事に和解へ導いてもみせている。

また、そのあとの鈴木善幸内閣では自民党行財政調査会長のポストに就き、ここでも長く懸案だった日本電電公社、日本専売公社の民営をキッチリと実現させている。さらに、その後の中曽根康弘内閣の運輸大臣でも、国鉄の分割・民営化に道を開いてみせたということだった。

こうした行財政調査会長としての橋本の腕力ぶりを見て、田中角栄はこう唸《うな》ったものだった。

「アレ（橋本）は、鈴木（善幸）より上かも知れんな」
その鈴木総理自身も、「橋本は若いけど、一度口にしたことはキッチリやる凄さがある」と、妙な感心をしていたものだった。

◆気位高き自信家

橋本龍太郎内閣は、自民党が社会党の村山富市を「自社さ」3党連立政権の総理に担ぎ、小沢一郎が率いた「非自民連立政権」から政権を奪還、村山内閣がその役目を終えたのちに発足した。その橋本政権スタート時は、〝若武者〟登場もあってか国民人気も高いものがあった。

政権の前半は、なるほど仕事師ぶりを発揮した。外交では、沖縄の普天間飛行場の返還を、クリントン大統領との間で「日米安保の再定義」の位置付けとして確認した。これは歴代の政権が揃って〝逃げ腰〟だったにもかかわらず、官僚に任せず自ら決断したものだった。

また、内政では行政、財政、金融システム、経済構造、社会保障構造、教育の「6大改革」を掲げ、時代の変革による必要性に果敢にチャレンジした。とくに、各省庁が嫌がる行革では、内閣府の設置、省庁の統廃合など中央省庁の1府12省庁の再編実施を果たしてみせたのだった。

しかし、政権後半は山一證券破綻に象徴される「平成恐慌」の中、橋本は先の「6大改革」のうちの財政改革にこだわったことで、結局、これが政権の命取りとなった。

財政再建のためとして増税の必要性に固執、折からの参院選で惨敗し、引責辞任を余儀なくされたということだった。選挙前に、自民党内の「選挙に勝てない」コールに負けて増税策を引っ込めたものの、こうした政策転換が逆に政権の信頼感を失わせる形になったのである。

残念だったのは、他の自民党内派閥はもとより、当時の所属の小渕（恵三）派からも引責退陣への反対論がほとんど出なかったことだった。

当時の小渕派のベテラン議員は言っていた。

「あれだけ政策に通じ、頭の切れも抜群だったのに、人望がなかった。気位が高く、向こうっ気が強い自信家だから、筋が違うとなると誰に対しても徹底的にやり込める。相手を土俵の外まで追い出してしまうから、かわい気がないということだった。だから、橋本には人が集まらず、子分ができなかった。

要するに、結局は〝一匹狼〟で終わってしまった。外からのエネルギーを吸収できない

『硬構造ビル』の政権だっただけに、〝激震〟には耐えられなかったということだった」

無念の退陣だった橋本は、小渕が死去したことで派閥を引き継ぎ橋本派としての会長に就いた。そのうえで、再び総理のイスへの〝雪辱戦〟に挑んだのだった。

平成13（2001）年4月の自民党総裁選に出馬、小泉純一郎に挑んだが、党内の求心力はもはや集まらなかった、「一匹狼」の限界ということであった。

景気対策には失敗したが、省庁再編の「行政改革」を成し遂げ、内政の多くにチャレンジした仕事様は評価されてよかった。

リーダーシップ診断チャート

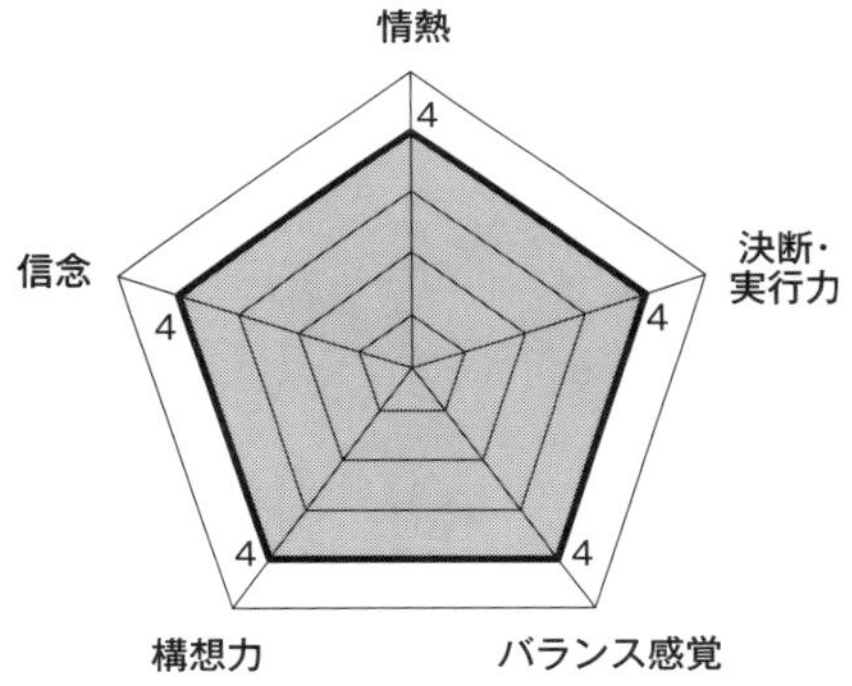

総理大臣としての実績総合評価

7 点

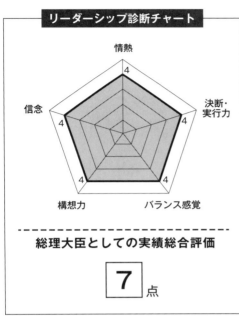

第54代

小《お》渕《ぶち》恵《けい》三《ぞう》

昭和12（1937）年6月25日、群馬県生まれ。早稲田大学文学部を経て、世界一周の旅に出る。昭和38（1963）年11月、26歳で衆議院議員初当選。平成10（1998）年7月、小渕内閣組織。総理就任時61歳。在任中の平成12（2000）年5月14日、入院先で死去。享年62。
総理大臣歴：1998年7月30日～2000年4月5日

したたかさを見せた「凡人宰相」

師匠が「受け」と「待ち」、あるいは「我慢」「辛抱」まずありきの合意形成型リーダーシップで与野党ににらみを利かせていた竹下登元総理だっただけに、小渕恵三もその政治姿勢を踏襲していた。

会話のやりとり一つ取っても、前任総理の橋本龍太郎のようにスパッと切り返すことはなく、時には何を言わんとしているのか分からないときもある。

筆者は総理になる前から小渕と親しくさせて頂いていたが、度々、こうした場面に直面したものだった。なるほど竹下は「言語明瞭、意味不明瞭」の〝幻惑会話〟で相手を翻弄していたが、これを小渕も見習っていたかのようでもあった。

また、自ら「オレは〝ボキャ貧〟だからな。ボキャブラリーが貧困だから、いい言葉がなかなか出て来ないのだ。相手に対しては、『お疲れさま』の一言だな」と口にしていたが、これも本音半分、はぐらかし半分に聞こえたものだった。

「オレは〝真空総理〟だから、対立することがない。元々、考え方がないから、対立しないということだ。無、空ということだよ」

この小渕の言葉は、小渕が総理のとき、会期延長を巡って官房長官との対立があるのではと記者会見で問われたときの答弁だったが、この「真空総理」とはその少し前に中曽根康弘元総理が雑誌で使ったもので、これを逆手に取って〝お返し〟したものであった。

小渕と親しかった政治部記者の言葉が残っている。

「総理になった小渕に対し、海外メディアからは強力なリーダーシップを感じさせないから『冷めたピザ』と言われ、直言で知られた田中真紀子（元外相）からは『凡人』とも言われたが、こうしたことはじつは小渕にとっては痛くも痒くもなかった。元々、小渕は

『謙虚であれ、誠実であれ、柔軟であれ』の〝三あれ主義〟を標榜、実践もしてきた男だから、何でも受け入れる器量があった。相手を立て自分が出しゃばらないことは、相手が話し合いの余地を残してくれることで、決断の際の選択肢が増えるというメリットになるとの考えだった。〝竹下手法〟を徹底的に踏襲してのしたたかさがあった」

なるほど、強力なリーダーシップを打ち出すでなし、何やらキレ味も乏しい小渕内閣発足時の支持率は、わずか20％程度と先行きが懸念されていた。しかし、意外や小渕は内政・外交とも、次々と大胆な決断力を発揮していくことになるのである。

内政では、折からの不況下、迫られている「財政構造改革」を思い切ってタナ上げし、政策運営の照準を景気回復一本に定めて成功させた。

外交では、さらに大胆な決断力を次々に発揮した。韓国とは金大中大統領を招いて「日韓共同宣言」を発表、そのなかで戦後50年の「村山（富市総理）談話」を踏まえ、改めて過去の植民地支配への「痛切な反省」「心からのお詫び」を明記した。しかし、その一方で金大統領からは、今後は「歴史問題」を蒸し返さないための約束を取りつけたものだった。

また、中国の江沢民国家主席の来日では、共同宣言に江沢民が「歴史認識」「台湾問題」のより踏み込んだ文言を入れることを強く要求したが、文書化には断固、拒否を貫いたといった具合だった。

さらには、一方で小沢一郎率いる自由党を連立に組み入れてまず「自自」連立政権を、その後これに公明党との間で閣外協力を取り付けて「自自公」連立政権を成立させている。これにより国会運営も順調に推移、最大派閥・小渕派の結束もあいまって、政権基盤は一層強まったものだった。

「自自公」連立時には内閣支持率も40％台まで上昇、政権発足直後は厳しい評価だった海外メディアも、「冷めたピザ」に手のヒラを返して報じたものであった。

「最近は（ピザに）風味が出てきたようだ」

◆小沢一郎との「死闘」に敗北

しかし、政界はまさに「一寸先は闇」である。

小渕は平成11（1999）年秋の自民党総裁選で、加藤紘一、山崎拓の挑戦を受けたが、圧倒的勝利で「再選」された。加藤、山崎の両人があえて立候補したのは、総裁選後の小沢一郎率いる自由党の連立参加問題にあった。小沢が改めての連立参加条件として、「衆院議員定数の削減」、閣僚などが責任を持って国会答弁をすべしとする「政府委員制度の廃止」、さらに安全保障問題などを挙げたことに、加藤、山崎両人は極めて不満だったということであった。

しかし、小渕は「あの小渕がここまでやるか」との党内の声をよそに、総裁選後の改造人事でこの加藤、山崎両陣営からの入閣、党役員を締め出すという強硬策で、「自自公」連立の継続での政権基盤確立を狙ったのだった。ために、小渕は例えば小沢が掲げた衆院議員定数50削減は飲めなかったものの、20の削減を決断した。結果、これは衆院で衆院比例区定数削減法案として成立、あとは参院での成立を待つことになった。

ところが衆院は通過したものの、小沢がこんどは20削減では満足できずとして、連立離脱の可能性をチラつかせ始めた。「自自公」3党の党首会談でも最後まで小沢は譲らずで、ここに至って小渕はついに自由党との連立解消を決断したのだった。

その小沢との会談後の記者会見のさなか、小渕は体調を崩し、その後、官邸で倒れた。秘かに順天堂病院に運ばれたが、すでに回復の見込みの立たぬ重度の脳梗塞であった。

小渕は退陣を余儀なくされたが、当時の小渕派の幹部からは、こんな声が聞かれたものだった。

「小渕は、じつは師匠の竹下元総理よりしたたかと言ってもよかった。総理になるまで、一度としてしたたかさを見せなかったが、それだけにそれを見せたときのインパクトは竹下以上のものがあった。党内に敵はほとんどいなかったし、元気なら意外と長期政権となった可能性があった」

惜しむらく、小沢一郎との「死闘（デスマッチ）」に負けたということでもあった。

内政、外交、合格点としておく。6点よりの7点である。

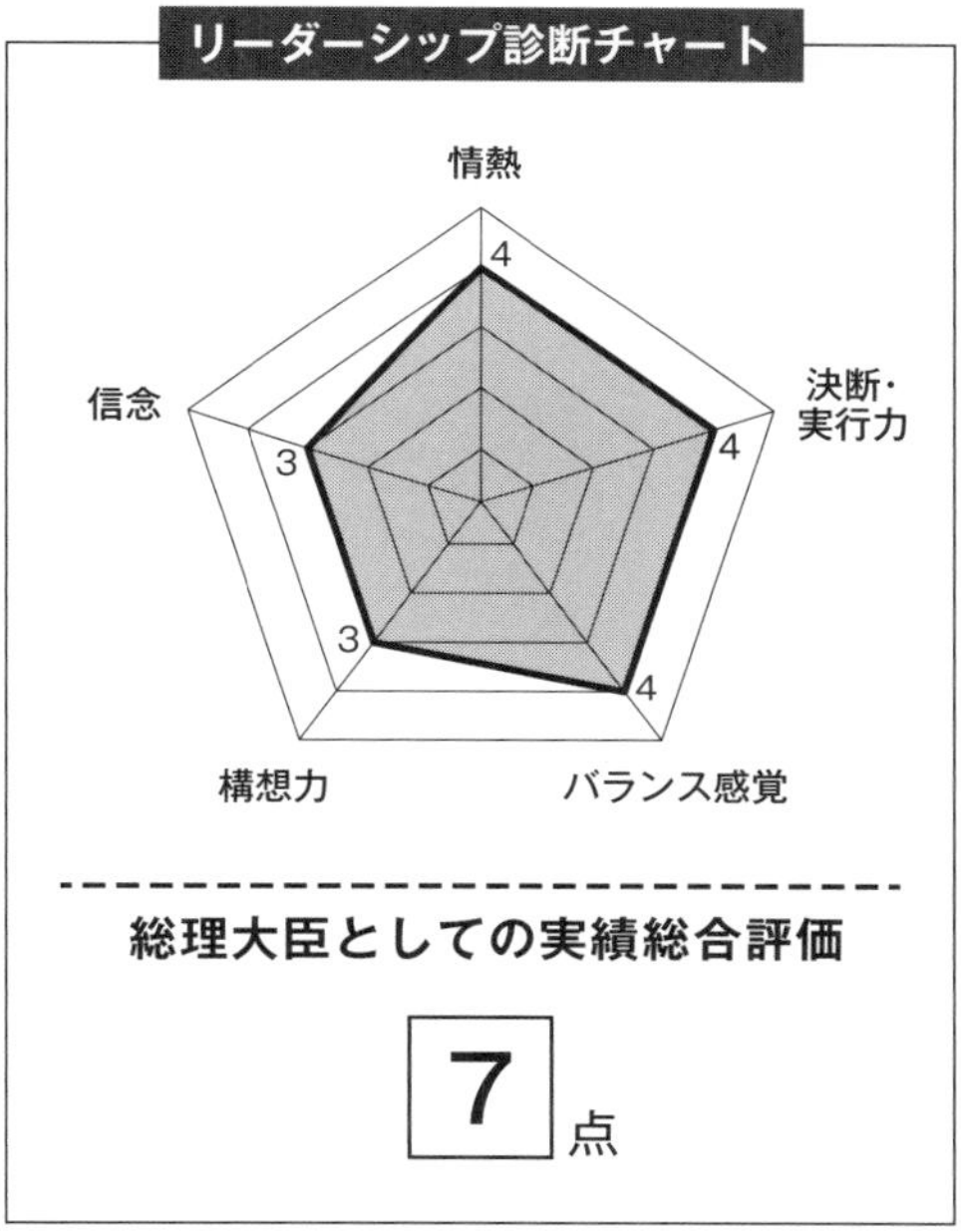

第55代

森《もり》　喜《よし》　朗《ろう》

昭和12（1937）年7月14日、石川県生まれ。早稲田大学商学部卒業後、産経新聞社入社。昭和44（1969）年12月、無所属で衆議院議員初当選。平成12（2000）年4月、内閣組織。総理就任時62歳。東京オリンピック・パラリンピック競技大会組織委員会会長。
総理大臣歴：2000年4月5日～2001年4月26日

〝密室〟から生まれた「緊急暫定政権」

組織のトップリーダーが選ばれる際は、なんらかの「正統性」が求められる。しかし、とにかく急場をしのがねばならないため担ぎ出されるというケースも、ままある。政治の世界では、「暫定政権」と言われるものである。戦後、いわゆる〝暫定政権的〟なケースはいくつかあったが、この森喜朗のケースは、なかでもかなり特殊なケースと言えたのだった。

森政権は、前任の小渕恵三総理が突然の病魔に倒れ、再起の見通しがつかぬ中で、時の自民党首脳格5人の密議により、かなり強引に担ぎ出されたものだった。〝密室〟から生まれた政権ということである。

時に、小渕政権は自民、公明、保守の3党による連立政権だったが、官房長官だった「参院のドン」とも言われた小渕の「盟友」青木幹雄が中心となり、強引に森を担ぎ出したのだった。総裁選をやっていれば、場合によっては自民党内が混乱し、連立政権の維持も不可能となりかねない。かくて、言うなら「5人組」はとにかく自民党内の総意、言葉を代えれば「やむを得ぬ」との形で、3党の合意を得ればそれでよしという姿勢だったのである。

森は折から幹事長ではあったが、それまで大蔵や外務といった重要閣僚ポストの経験はなく、どちらかと言えば「文教族」の一方で、党務で汗をかいてきた人物であった。もとより、政権構想らしきものを発表したことはない。総裁選出馬歴もなく、英国の「ガーディアン」紙などは「クレムリンのような秘密主義の中で誕生した政権」として、まず民主主義国としての政権の正統性を問うたのであった。国民もこうした森政権には懐疑的で、内閣支持率の低い〝低空飛行〟からの出発は当然だったと言えたのだった。

なるほど森政権は約1年で終止符を打ったが、例えば平成13（2001）年度予算案はじめ、重要政策はすべからくが党に任せっ切りだった。政界には「丸投げ」というコトバがあるが、このルーツは森政権にあったのである。また、景気の低迷に対して、なんら有効な手段を講じることもなかった。

そうした一方で、外務省の機密費問題、ＫＳＤ（中小企業経営者福祉事業団）に絡んで村上正邦参院議員会長が逮捕、森の側近中の側近の時の中川秀直官房長官もスキャンダルに見舞われるなど、政権運営にも躓いた。

ついには自民党から森政権への批判が顕在化、「加藤の乱」とされた加藤紘一元幹事長らによる森内閣不信任決議案模索の動きも出、この頃には支持率はヒトケタという惨状となり、ついには慎重さの欠ける発言がダメを押した形で退陣を余儀なくされたのだった。あまりにも、脇の甘さが目立ったということでもあった。

◆ラグビーボールに託した人生観

森の持ち前の言葉の軽さは、致命的であった。神道政治連盟国会議員懇談会での「神の国」発言、総選挙を前にしての「（国民が）関心がないと寝てしまってくれればいい」との〝投票棄権要請〟発言等々、思慮を欠いたものが多かった。

さらには、ハワイ沖での水産高校実習船「えひめ丸」と米原子力潜水艦の衝突・沈没事故に際し、折からゴルフ場にいた森は一報を受けたもののすぐ官邸に戻ることなく、記者団から危機管理対応の〝不備〟を問われるという失態も演じた。さらにマズかったのは、危機管理を問われたその答えに「（あれは）事故でしょ」とやり、これが退陣へのダメを押すということになったのである。

かく実績を残せず、失言、放言の類いのみ色濃く残った森政権ではあったが、退陣後に以後の政権の〝産婆役〟として存在感を示したことはあまり知られていない。

小泉純一郎、安倍晋三（第1次）、福田康夫、麻生太郎の各政権を演出、「後見人」的立場で存在感を見せつけたということだった。もっとも、安倍（第1次）、福田、麻生の政権が「短命」を余儀なくされたことで、逆に「A級戦犯」との声もないではなかったのだった。

一方、若き日の森は、早稲田大学に入学と同時にラグビー部に入ったスポーツマンであった。本来は、政治よりラグビーであった。とくに「ワセダのラグビー」への憧れが強かったが、わずか4カ月で〝胃カタル〟のため退部。その後、雄弁会（弁論部）に転じたのだった。

父親が石川県の町長でもあったことから、政治の血がうずいたようであった。当時の雄弁会は「将来は政治家」を夢見る者がほとんどで、先輩には青木幹雄、小渕恵三、海部俊樹、渡部恒三、藤波孝生ら、のちに政界の最前線に立つ面々が蝟集《いしゅう》していたのである。

じつは、筆者もこの雄弁会に籍を置いたことがあり、先輩から「青木さんは親分肌、何事にも生真面目だった小渕さん、豪放だった森さん」との〝評〟を耳にしていたものだった。そうしたラインでやがて青木が主導、生まれたのが森政権ということでもあったのである。

その森は、自らの人生観を、好きなラグビーから見るのが好きなようだ。次のように言っている。

「楕円球のラグビーボールは、時にとんでもない方向を転々とする。リバウンドしたボールが自分の手元に返る確率は、百分の一以下とも言われている。まさに、人生とはどのように展開していくのか、分からないのに似ている。私の人生もまた、ラグビーボールそのものだと思っている」

宇野宗佑から9人目の総理となる森まで、残念ながらその政権は自らの力で政権に就いたのでなく、奇妙なパワーバランスの中で誕生した。日本の政治の〝空白化〟の中に、名をとどめていると言って過言ではない。

そうした見方を払拭するかのように、森はじつに57年ぶりとなる東京五輪・パラリンピックの組織委員会トップとしてにらみを利かせるポジションについた。しかし、その後、その組織内に不祥事が発生するなど、そのリーダーシップは疑問も残った。

退陣後は以後の政権に「後見人」としてニラミを利かせているが、自身の政権には惜しむらく実績は乏しかった。合格点には届かない。

第56代

小《こ》泉《いずみ》純《じゅん》一《いち》郎《ろう》

昭和17（１９４２）年1月8日、神奈川県生まれ。慶応大学経済学部卒業後、福田赳夫秘書。昭和47（１９７２）年12月、衆議院議員初当選。平成13（２００１）年4月、3度目の自民党総裁選に勝利し、内閣組織。総理就任時59歳。
総理大臣歴：２００１年4月26日～２００６年9月26日

「既得権益打倒」を標榜の国民人気の高かった〝永田町の変人〟

自民党議員の顔色より国民の支持をバックボーンとした、良くも悪しくも「言葉の人」がこの小泉純一郎と言えた。

小泉までの戦後総理大臣は、圧倒的多くが言葉を選ぶ〝重心の低さ〟を売りにしていたが、これとはまったく逆の断定調ときに絶叫調の短いセンテンスを次々に繰り出し、独特の軽さ、分かりやすさで国民の人気を得た。平成13（2

001）年4月の内閣発足時の支持率じつに87％（『読売新聞』）は、歴代内閣史上最高のそれであった。

それに自信を得たか、翌月の初の所信表明演説では、以下のような「小泉節」を披露してみせたのだった。

「私は新世紀維新とも言うべき、改革を断行したいと思っている。痛みを恐れず、既得権益の壁にひるまず、過去の路線にとらわれず、〝恐れず、ひるまず、とらわれず〟の姿勢を貫き、21世紀にふさわしい経済、社会システムを確立していきたい」

なるほど、その政権運営ぶりも常に「言葉」が前面に出、「聖域なき構造改革をやる」「構造改革なくして景気回復なし」「派閥あって党なしの自民党は解党的出直しが急務」、ついには「自民党をブッ潰す」と「小泉節」は絶えることなく、その特徴はいわゆる抵抗勢力を意識的につくり上げることにあった。これが〝当たった〟ことで、自民党は支持するものの、このままではダメだと〝新風〟を期待する国民の高い支持を維持していったのだった。

結果、最終的には戦後歴代総理の中でも6年近くの長期政権を維持した。

しかし、その政権の実績となると、自らトップリーダーとして先頭に立って汗をかくより、司、司への〝丸投げ〟、あるいは懸案の先送りが目立った。例えば、時に政権発足時に掲げた「1内閣1閣僚」「国債新規発行30兆円枠厳守」などの〝公約〟も、結局はカケ声倒れで終わったが、そのあたりを突かれるといわく、「そんな公約、大したことはない」と、これにはさすがに国民も小泉流にはアングリであった。

一国のトップリーダーの言葉は「綸言汗《りんげん》のごとし」とする天皇の言葉同様の重みが必要とされるが、このあたりとはまったく無縁と言えたのである。

それでは、政権実績はというと、内政・外交とも成果は乏しかったと言わざるを得ない。

内政では、〝改革の本丸〟としていた「郵政民営化」は、その法案が参院で否決されると、異例、奇手とも言える衆院での再議決まで待ってようやく成立させた。しかし、3分割された郵政事業となり、これが国民のためによかったのかどうかは、あれから10年以上経ったいま、いまだに明確になっていない。

一方、国と地方の税財源を見直し、地方分権の推進に資するとした「三位一体改革」も紆余曲折、結局はアヤフヤのままで終わっている。さらに、特殊法人の解体を叫んだが何も変わらずだった。

結局、景気、経済は懸案の不況からの脱出とはならず、例えば株価も前任の森喜朗内閣当時よりも下落したままで終わっている。また、大企業に比べて中小・零細企業や商店、都市に比べて地方経済もまた悪化そのものだった。小泉政権の「新自由主義」による影響とも言えた。ために、一部の強者や勝者と大多数の弱者や敗者といった具合に、社会構造が二分されるといった結果も招いた。むしろ、「格差社会」を拡大したと言ってもよかった。

一方、内政でこうした結果を招いたことは、小泉の外交姿勢がそれを明らかにしている。外交姿勢は理念が希薄、支える国家観もなかなか見えてこなかったということだった。

例えば、唐突に北朝鮮を訪問、一部拉致被害者を帰国させたうえで「平壌宣言」を発表したが、これはいかにも譲歩した部分が目立ち、今日、拉致問題の全面解決にも方途の見い出せぬ形にもなっている。

また、イラク戦争への自衛隊派遣、さらには多国籍軍への参加も、〝大義なき戦争〟が明らかになるなかで、小泉総理の説明はいかにも大雑把、そこでは「対米追従」の印象が強く浮かび上がっただけといった具合だった。

◆実績は限定的だった長期政権

こうした政権運営ながらなんとか長期政権をものにした小泉だったが、その政権後半は、さすがに国民に飽きられた。長期政権で緊張感が緩む中、閣僚、幹事長らの失言、放言が連発、閣僚間の意見対立も目立ち始めた。同時に、小泉政権への批判も目立ち始めたということだった。

例えば、自身が議員になる前に〝ユーレイ社員〟として厚生年金に加入していたことを突かれると、「人生いろいろ、会社もいろいろ、社員もいろいろだ」との〝珍答弁〟でケムに巻き、答弁に窮すると「そんなこと常識でしょう」となんとも雑把な答弁で逃げるのであった。ために、折から年金不信がピーク時でもあり、さすがの国民も〝引導〟を渡したということであった。外務大臣に抜擢した田中真紀子からは、さすがに「変人」の〝称号〟をもらったのである。

退陣後は「世襲」批判もなんのその、息子の小泉進次郎（元環境相）に地盤を譲って引退、その後、今日でも一貫して「原発ゼロ」社会の構築を講演などで訴え続けている。

その引退は平成21（2009）年8月の総選挙で自民党が大敗、政権が民主党に移った際だったが、「（政権交代は）衆参両院議員200人が新党をつくったと思えばいいんじゃないか」と野党に転落した自民党に〝アドバイス〟、返すカタナで「小泉構造改革路線を忠実に継いでくれるのは民主党ではないか」と、いかにもな「言葉の人」らしく思うに任せなかった政権運営に対し、自民党に皮肉たっぷり、〝最後っ屁〟を放ったものだった。

その風貌から、「ライオン宰相」と言われた昭和初期の浜口雄幸《おさち》総理に擬せられもしたが、浜口と違って「男子の本懐」をまっとうしたとは言えたかどうか。

実績は「郵政民営化」「北朝鮮拉致被害者一部帰国」の実現となるが、景気、経済は不況のままで格差社会を広げたことはなんとも後味が悪かった。5点に近いギリギリの6点とする。

リーダーシップ診断チャート

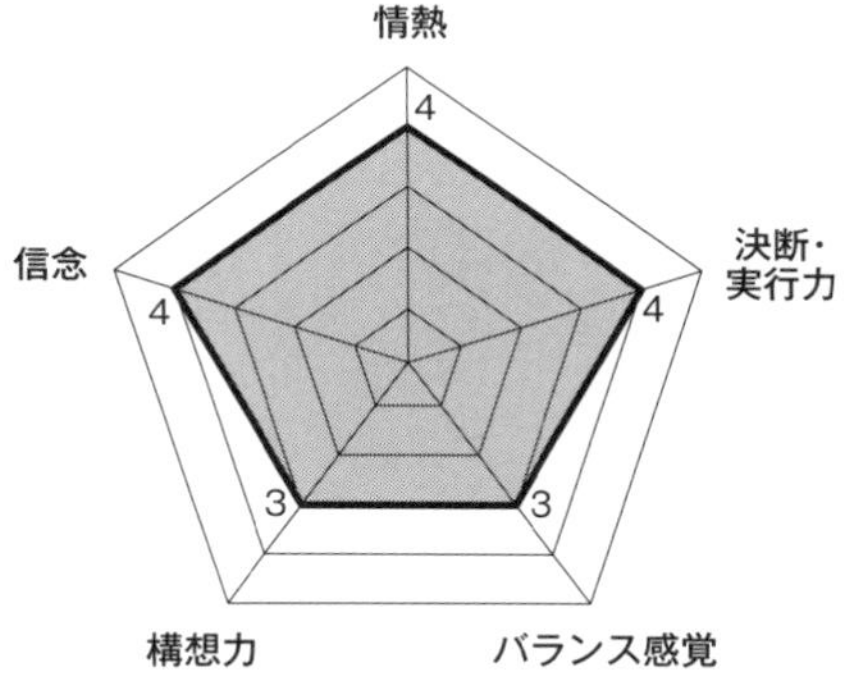

総理大臣としての実績総合評価

6点

第57代 安《あ》倍《べ》晋《しん》三《ぞう》（第1次）

昭和29（1954）年9月21日、東京都渋谷区生まれ（本籍地は山口県）。成蹊大学法学部卒業後、米南カリフォルニア大学留学。神戸製鋼所入社後、父親・安倍晋太郎の外相秘書官。平成5（1993）年7月、衆議院議員初当選。平成18（2006）年9月、第1次内閣組織。総理就任時52歳。1年後退陣も、5年後に「再登板」を果たす。令和4年（2022）年7月8日、凶弾に倒れた。享年67。

総理大臣歴：2006年9月26日～2007年9月26日

（注・第2次政権については「野田佳彦」政権後に評価ともども解説）

「若さ」を露呈の第1次政権の政策実績はゼロ

安倍晋三は、前任の小泉純一郎総理の退陣を受け、戦後生まれの初の総理大臣として登場した。平成18（2006）年9月20日の自民党総裁選で、対抗馬の麻生太郎、谷垣禎一に圧勝したものだった。

祖父は、かの「安保」で勇名をはせた岸信介元総理、父は、岸の長女・洋子と結婚した毎日新聞出身の安倍晋太郎元外相で、この晋太郎は総理を期待されながら、天下取り目前で病魔により亡くなっている。晋三は、その〝名代〟として政界入りしたということだった。

安倍は総裁選で勝利を決めた直後、「お袋、やったぜ」と〝第一報〟の電話を母・洋子にかけた。そのあたりは、改めてのヤル気の一方で、〝十四光り〟のお坊ちゃん体質も感じさせたものだった。

その安倍の出世は、極めて早かった。早くから自民党の「プリンス」とされ、小泉内閣で総理への登龍門とされる官房副長官に就任、小泉の北朝鮮訪問による拉致被害者の一部帰国にも立ち会っている。その後、当選わずか３回、それまで大臣経験はゼロだったにも拘らず、自民党ナンバー２の幹事長に異例中の異例で大抜擢されたのだった。

幹事長に就任した安倍は、若き幹事長として国民人気が高く、党内外からは「行列ができる幹事長」などと持ち上げられた。

幹事長として指揮を執ったその後の総選挙でも勝利、さらに小泉総理が仕掛けた乾坤一擲の「郵政解散」の総選挙では幹事長代理ポストで尽力、ここでも３００議席に迫る圧勝をもたらす原動力ともなった。ここでは国民人気の高い安倍を上手に使った小泉の戦略が、図星だったとも言えた。

その選挙後に安倍は初入閣、官房長官ポストを得、その勢いを借りた形で総裁選に打って出ての勝利ということだったのだ。時に、52歳。ここまでは、まさに順風満帆の政治家人生と言えた。

ところが、政権を取った安倍に、野党の民主党とりわけ「剛腕」小沢一郎代表が立ちはだかった。政権1年足らずに待ち受けていたのが参院選で、小沢の戦略により安倍はここで、一転、苦境を余儀なくされてしまった。小沢は衆院選ではないこの参院選を強引に「政権選択選挙」と位置付けてアピール、負ければ退陣を安倍に迫るという形に持っていった。いかにも、政局をつくるのが上手な小沢の〝やり口〟だったと言えたのである。

こうした流れの中で、大方のメディアあるいは自民党内もまた、「自民党の改選議員の当選が30議席台に落ちれば安倍退陣は不可避」という見方で一致、結果は37議席に低迷した。

安倍はしかし退陣説には目をつむり、内閣改造と党役員人事の断行で〝延命〟を窺った。しかし、その直後の臨時国会開会のわずか2日後に突然の退陣表明をしてしまったのだった。

予定されていた小沢代表との党首会談で政局の安定を策すつもりだったが、さる者の小沢は会談を土壇場で拒否、このことにより政権運営がいよいよ苦しくなったということだった。加えて、自らの「体調の悪化」も手伝い、ついにたった1年で政権を投げ出してしまう形になったということだった。

安倍のわずか1年の第1次政権を振り返ってみれば、政策実績はゼロで終わっている。その原因の一つに、当時の所属の森（喜朗）派内で、安倍を盛り立てようという空気が薄かったことがあった。政界は嫉妬の海、当選わずか5回で総理の座ということに冷ややかな見方が少なくなかったということだった。

一方で、党運営のカナメである中川秀直幹事長、中川昭一政調会長の呼吸が合わず、同じく森派の後継総理候補と目された福田康夫とも性格、政治理念まったく合わずで、派内、党内の求心力、掌握力ともに欠けていた。また、安倍が小泉元総理が自民党公認を拒否した郵政造反組を復党させたことで、〝ご都合主義〟として国民の反発もまた招いてしまったということでもあった。

さらには一方で、「間」もまた悪かった。松岡利勝農水相が自殺、閣僚の舌禍問題などが追い討ちをかけ、年金問題も輪をかけた。５０００万件に及ぶ年金の記録漏れが発覚、政治問題化したということだった。社会保険庁のあまりの杜撰《ずさん》な管理に原因があったが、国民からは長年これを放置していた自民党政権の責任としてバッシングを受けたのである。

そうした中で、安倍は政権浮揚のために来たるべくの参院選に衆院選をぶつけるという

「ダブル選挙」での勝利を模索したが、与党を組む公明党の強硬なノーにあってこれは〝不発〟、参院選は先に記したような惨敗を招いたのだった。

◆修羅場経験なしのツケ

こうした安倍の第1次政権〝四面楚歌〟の原因は、不可抗力でやむを得ぬ部分はあったにせよ、若さと経験不足ゆえの未熟さがさせた部分も多かった。

当選わずか5回で党のナンバー2の幹事長に就任、その後、官房長官になり、そのまま総理大臣になってしまった。この間、重要閣僚としての実務経験もほとんどなかった。周囲の嫉妬は別にしても、一言で言えば苦労が足りなかったゆえに根回し不足などが重なり、求心力を持てなかったと言うこともあった。幹事長と政調会長の呼吸が合わなかったのも、人事に際して総理としてそのあたりの目配りが不足していたことにほかならない。

さらには、修羅場を踏んでいなかったことで、時に反発する議員の心のうつろいを読み切れなかったこともあったようだ。すなわち、どうすれば人が動き、付いてきてくれるかの、人心収攬の術《すべ》が不足していたということのようでもあった。

トップが実務経験すなわち〝プレーイング・マネジャー〟としての経験の乏しい政権

は、歴代おおむね「短命」で終わっている。安倍の第1次政権も、そうした中で志半ばで幕を降ろさざるを得なかったということになる。

（注：リーダーシップ診断、総理大臣としての実績総合評価は第2次政権編に記載）

第58代

福《ふく》田《だ》康《やす》夫《お》

昭和11（1936）年7月16日、群馬県高崎市生まれ。早稲田大学政経学部卒業後、丸善石油入社。父・福田赳夫の秘書、首相秘書官を経て、平成2（1990）年2月、衆議院議員初当選。小泉内閣官房長官を経て、平成19（2007）年9月、内閣組織。総理就任時71歳。
総理大臣歴：2007年9月26日～2008年9月24日

憲政史上初の「親子総理」は〝政権振り子理論〟で誕生

父親は元総理大臣の福田赳夫で、憲政史上初の「親子総理」として登場したのが福田康夫であった。

しかし、政権取りにギラギラしたところがなかった父親に似たか、政権意欲が乏しかったのがこの康夫であった。なぜなら、元々、政治家になる気がなかったからにほかならなかった。

例えば、自らの結婚に際し、夫人の貴代子に対して「政治家の女房には絶対にしない」と誓ったうえ、早稲田大学政経学部を卒業すると「丸善石油」に就職、そのまま17年間のサラリーマン生活を送っている。

こうしたサラリーマン生活にピリオドを打ったのは、父・赳夫の秘書でもあった二男・征夫が病に倒れたことにより、父親の秘書に転身せざるを得なかったからということであった。それから秘書を10年余、赳夫の引退、その後継として平成2（1990）年2月の総選挙に初出馬、「総理の息子」は断然キラめく〝七光り〟であり、当然のように当選を飾ったということだった。天下取りへの野望はとくになし、時に53歳の〝遅咲き政界デビュー〟だったのである。

それからの10年は、鳴かず飛ばずの議員生活だったが、森喜朗内閣で官房長官兼沖縄開発庁長官として初入閣したのを機に、存在感を示すことにつながった。以後、平成16（2004）年5月まで、小泉純一郎内閣で3年半にわたって官房長官を留任、テレビで顔をさらすことが多くなったことで国民に知られるようになった。記者会見はひょうひょうとした口調とユーモアで親しみやすかったが、一方で時折、短気な一面も見せた。会見時間が長引いたり、記者の質問がやっかいなものだったりすると、イライラをあらわにし、演壇を指でトントンと叩くのである。まずは、自らが前に出ることなし、可もなし不可もなしの〝解説官房長官〟と言えたのだった。

そうした中で、前任の安倍晋三総理が参院選の敗北、自身の体調悪化も手伝って電撃辞任、自民党内はこの〝政権投げ出し〟で混乱、党の支持率も低下の中、新しいリーダー選びとなった。こうした中で、福田のなかで何かが弾けたようであった。

あれだけ政権意欲のなかったハズが、総裁選出馬に手を挙げたのである。対抗馬は、麻生太郎であった。結局、ヤル気十分の麻生を制して福田が勝ち上がるのだが、このときの総裁選の背景を、当時の自民党ベテラン議員は次のように語っていた。

「麻生は、政治信条としては安倍に近い。対して、福田は父親同様の〝親中派〟であるように、ハト派的体質だ。結局、これが勝負を分けた。加えて、年齢的に若かった前政権の安倍と比べて、福田は年を重ねて安定感がありそうだという国民の大方の見方もあった。同時に、各派閥の領袖も、安倍と体質の似た麻生でなく、対岸に位置する〝福田乗り〟が大勢となった。福田自身は当初、総裁選出馬に意欲がなかったものの、各派の支持が傾いたことで、『それなら』ということになった」

こうした各派の動きは、自民党が長期政権を維持してきた「政権振り子理論」ということでもあった。すなわち、例えば政権をタカ派からハト派へと〝色〟を変え、時計の振り子のように振れ幅を大きくした政権の体質変化を提示することで国民の歓心、支持を買うという〝手法〟であった。自民党お得意のこの「政権振り子理論」により、担ぎ出されたのが福田康夫政権ということであった。

◆揺さぶられ続けた「背水の陣内閣」

しかし、政権という重責への執着が乏しかった福田の掲げた政策課題は、いささか貧弱なものであった。

福田は総理就任とともに掲げた自らの内閣を「背水の陣内閣」と、なんとも悲壮感に満ちたキャッチフレーズとし、安倍政権下で続出した「政治とカネ」の不祥事の一掃、年金の記録漏れ問題の解決を政権運営の〝重要項目〟としたにとどまった。

なるほど、これにより政権の重みを欠き、初めから自民党内のガバナビリティ（統治）を持ち得なかったことも手伝って、常にハードルに足を取られ続けた。就任早々に防衛省の不祥事発覚、後期高齢者医療制度の開始、ガソリン暫定税率を巡る混乱の一方で、年金問題もその根の深さが次々と明らかになるといった具合だった。

さらに、自民党内の消費税増税による財政再建派と「小泉構造改革」を支持する経済成長派がバトル、そうした中で福田は自らその方向性の指針を示すリーダーシップを見せなかった。

そのうえで、苦境脱出のため模索した解散・総選挙も、結局は与党を組む公明党にゴネられて打てなかった。一方で、そうした政権の窮状を見て取った民主党の小沢一郎代表（当時）に自民党との「大連合」話を持ちかけられ、この話に安易に乗ろうとしたことで、ついには自民党内から政権維持にダメ出しを受けたということだった。

元々、プライドの人一倍高かった福田は、結局、安倍と2代にわたる〝政権投げ出し〟を余儀なくされたのだった。

退陣表明の記者会見の席上、記者から「総理の会見はまるで他人事のように聞こえる」とやられた福田は、語気を荒げ言い放ったのだった。

「私は自分自身を客観的に見ることができるんです。あなたとは違うんです！」

「客観的に見ることができる」とは、ナニを意味するのか。自民党内には、「〝総理の器ではない〟ことを自ら告白したということではないか」とした厳しい見方さえ出たものだった。

政権取りに死力を尽くした者と、担がれてそのイスに座った者の差は、政権への〝執着度〟で違いがあることも、福田は改めて示した格好であった。

自称した「背水の陣内閣」ながら、前政権でも続出した「政治とカネ」、年金問題などの不祥事のあと始末に追われ、政権としての積極的な政策課題はないがしろにされた。逆風はあったにせよ、積極的な政策推進はなく、政権実績としては惜しむらく5点とせざるを得ない。

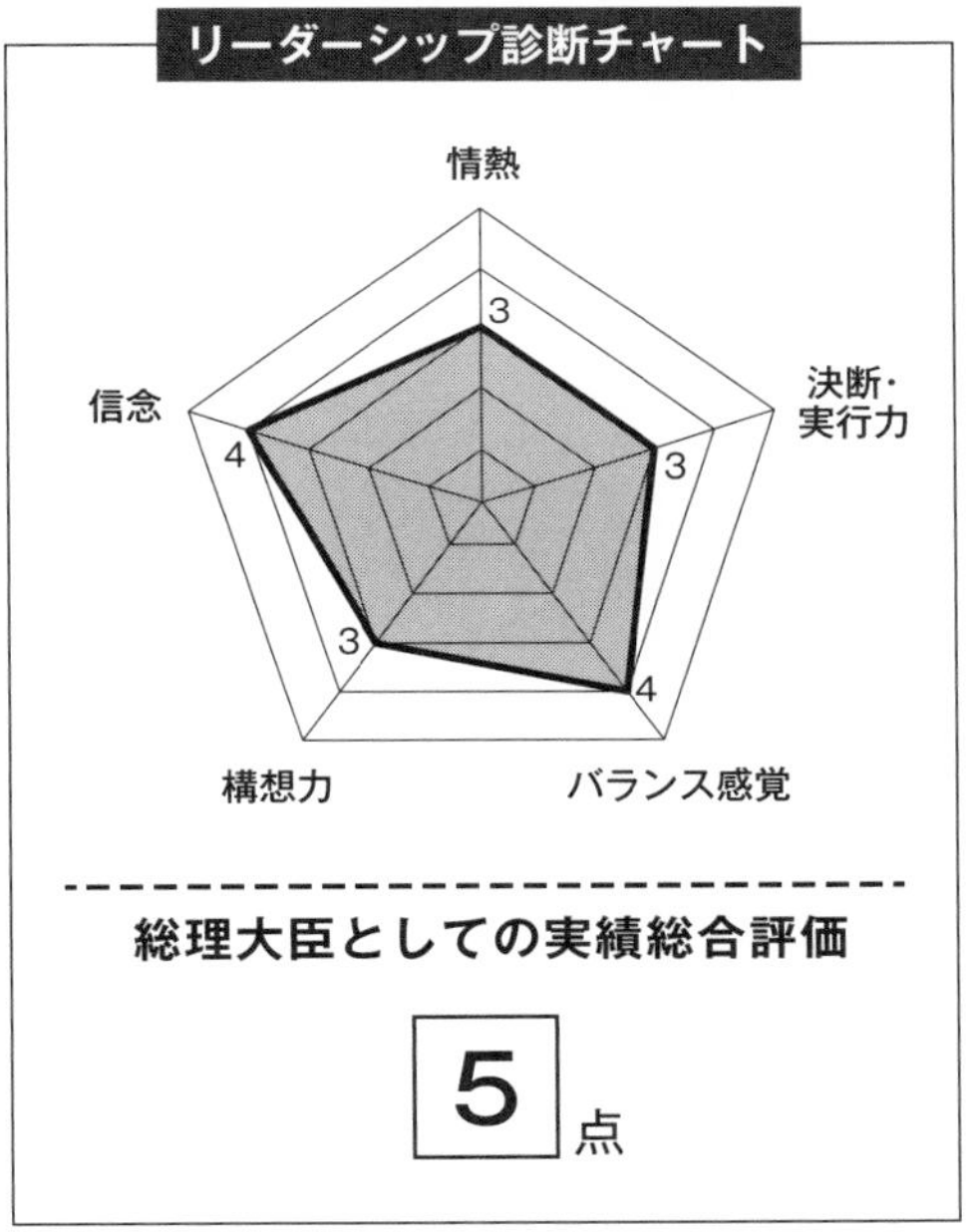

第59代

麻《あ》生《そう》太《た》郎《ろう》

昭和15（１９４０）年９月20日、福岡県飯塚市生まれ。学習院大学政経学部卒業。麻生セメント社長、日本青年会議所会頭を経て、昭和54（１９７９）年10月、衆議院議員初当選。平成20（２００８）年９月、内閣組織。総理就任時68歳。
総理大臣歴：２００８年９月24日～２００９年９月16日

政界屈指の人脈と財力がバックボーンの「べらんめえ政権」

麻生太郎政権は、安倍晋三（第1次）、福田康夫と2代の総理大臣の〝政権投げ出し〟を受けたあとで誕生した。折から、国民も二度の〝政権投げ出し〟にはさすがにアキレたか自民党の支持率は大きく落ち、メディアの多くは次の総選挙で自民党の敗北は必至、野党第1党の民主党に政権交代を余儀なくされる可能性ありを指摘していた。こうした中、麻生が自民党総

裁・総理に選出されたワケは、大きく二つあった。

一つは、祖父が戦後日本政界の立て役者でもあった吉田茂元総理であり、父親が「九州の石炭王」にして衆院議員も務めた麻生太賀吉《たかきち》で、政界屈指の人脈と財力に富んでいたことだ。ちなみに、皇室とも姻戚関係にある。そうした〝顔の広い〟麻生太郎なら、自民党支持層を呼び戻すに〝適役〟だろうとの見方である。そのうえで、自民党幹事長はじめ外相、総務相、経済財政担当相、経済企画庁長官と、豊富なキャリアを積んでいることへの評価もあった。

もう一つは、楽天主義を感じさせるキャラクターとしての明るさである。開けっ広げの性格で、自らのマンガ好きを隠すこともなく、政治家は言葉に慎重となるのが常だが、時にべらんめえ口調で言いたいことを言う。すなわち、国民の「面白いんじゃないの」といったアト押しを受け、総理のイスにすわったということでもあった。なるほど、総理就任直後の支持率はなかなかのものであった。

そのうえで、自民党が麻生に期待したのは、就任直後の支持率の勢いを借りて総選挙に飛び込んだうえでの、安定政権の確保と党の支持率回復ということであった。

ところが、この衆院解散タイミングを窺っていた麻生だったが、閣僚の失言による辞任、一方で米国発「リーマン・ショック」の直撃を受けて景気の急速な落ち込みに見舞われ、解散時期を逸してしまっていた。

加えて、連立政権を組む公明党が強く推進した不況を支える国民への「定額給付金」が、〝バラマキ批判〟を浴びて評判が悪かった。折から、自民党内が消費増税を巡って議論が二分されていることもあって、一致団結して解散・総選挙突入とはならなかったということだった。

もっと言えば、一時はべらんめえ口調で人気もあった麻生ではあったが、発言にブレが目立ち始めた。一方で、「踏襲《とうしゅう》」を「ふしゅう」、「未曾有《みぞう》」を「みぞうゆう」と読み違えるなど、日本国のトップリーダーが中学生並みの漢字も読めないのか、との批判も浴びた。同時に、ホテルのバー通いなども批判の対象となり、麻生自身への求心力が低下一途となったことも、解散に踏み切れない要因の一つとなったのだった。失言、放言の類いも含めて、発言のブレはその後も止まらなかった。

しかし、当時の民主党・小沢一郎代表の公設秘書が違法献金事件で逮捕され、北朝鮮による長距離ミサイル発射実験なども重なり、解散のタイミングはないこともなかった。だが、結局、決断できなかった。これには、自民党のベテラン議員からこんな声があったものだった。

「どうも派閥の側近、取り巻きが的確な情報を麻生に入れてなかったのではとみている。

もとより、麻生は自派の大親分だから、皆、遠慮もあったようだ。だから、最終的な判断がブレた。結局、このブレが麻生政権の命取りになったとも言える」

主君と側近の理想的な関係は、側近は時に主君にとって耳に痛い情報であっても、正確にそれを伝えられる関係にあるかということである。耳に心地よい情報ばかりを入れていると、主君は判断、決断で取り返しのつかないミスを犯すことになりかねない。これが、「側近政治」の怖いところで、麻生派にはそうした危うさもあったということのようであった。

そうした中で、麻生はツキにも見放されたか、ジレンマの連鎖のなかにいた。この期、東京都議会議員選挙をはじめ、地方選ではことごとく敗北といったありさまだった。ついには、解散・総選挙どころではなく、自民党内からも「麻生降ろし」の声が出始めるといった具合だった。

◆政権交代への糸を引く

しかし自民党内には、仮に麻生が代わっても、「選挙の顔」となるこれといった人材も不在だったことから、麻生はからくも生き延びた。そうした中で、ようやく辿りついたのが政権発足から1年近く経った真夏の総選挙であり、しかし結果は〝歴史的大敗〟であった。

このときの自民党の選挙戦は筆者も取材していたが、自民党はなんともヒドイ選挙態勢であった。すでに、民主党がマニフェスト（政権公約）を発表していたのに対し、自民党が重点政策などを発表したのは公示が近づいてからであった。なんとも、ヤル気が疑われる動きだったのである。また、選挙の司令塔の幹事長、選対委員長がそれぞれ勝手に動き、統制が取れてなかった選挙でもあったのだった。

それでは、御大の麻生総理はといえば、必ずしも全国の選挙事情に通じているわけではなく、組織票頼みの自民党支持団体を回って頭を下げることに重点が置かれていた。一方で、地方での講演で、「高齢者は働くことしか才能がない。80歳を過ぎて遊びを覚えても遅い」などの放言も、相変わらず出た。執行部の一人などは、「また地雷を踏んでしまった。もう選挙にはならない」と、投票前日にして〝敗北宣言状態〟だった。

結果、麻生は選挙は案の定の敗北、その責任から退陣を余儀なくされ、政権は民主党に移るという大鳴動となったのだった。しかし、その民主党政権はのちに「官僚政治からの脱却」「政治主導」を標榜したものの、鳩山由紀夫、菅直人、野田佳彦と総理大臣が目まぐるしく代わる中、わずか3年余で政権を自民党に返してしまうことになるのである。

その自民党は、第1次政権を投げ出した安倍晋三が民主党政権を倒し、第2次政権として復活することになる。以後、麻生は安倍政権下で副総理兼財務相として長く安倍内閣の主柱を務め、いま副総裁として岸田文雄政権を支える中で、一方で「ポスト岸田」への目配りも欠かしていないというのが現況だ。

政権実績としては、のちに副総理兼財務大臣として長く第2次安倍政権を続けたことを考慮して〝おまけ〟の6点とした。意欲的な政策の提示は見られなかった。

リーダーシップ診断チャート

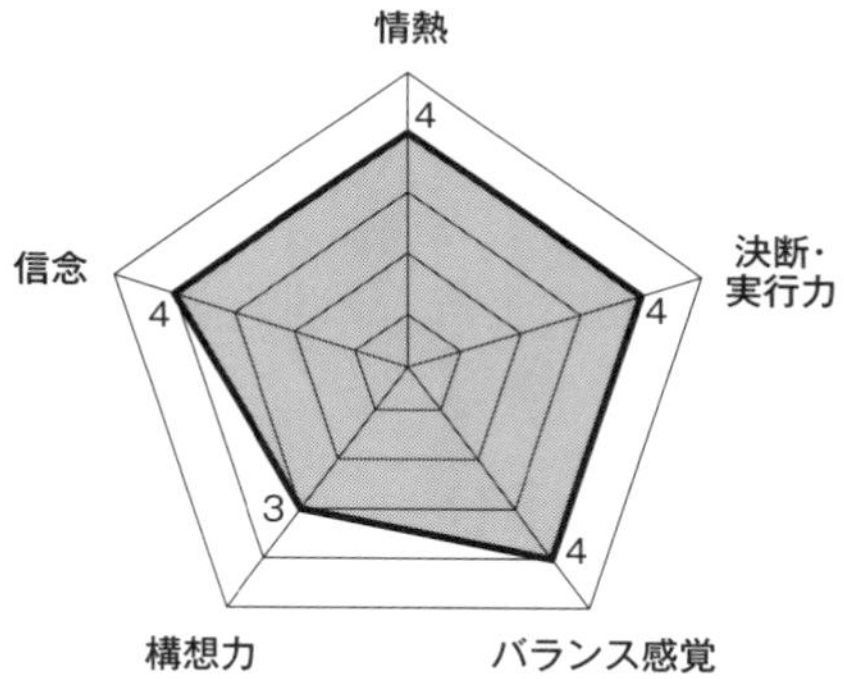

総理大臣としての実績総合評価

6 点

第60代 鳩《はと》山《やま》由《ゆ》紀《き》夫《お》

昭和22（１９４７）年2月11日、東京都文京区生まれ。東京大学工学部卒業後、米スタンフォード大学留学、博士課程修了。専修大学助教授を経て、昭和61（１９８６）年7月、衆議院議員初当選。民主党代表。平成21（２００９）年9月、内閣組織。総理就任時62歳。

総理大臣歴：２００９年9月16日～２０１０年6月8日

「政治主導」看板も党内ガバナンスに失敗

戦後政治の大半を担ってきた自民党が政権交代を余儀なくされ、民主党代表だった名門・鳩山家御曹司の鳩山由紀夫が総理大臣のイスにすわった。民主党、国民新党、社民党による連立内閣で、時に平成21（２００９）年9月、鳩山62歳であった。長い自民党政治に飽き、「新風」を期待した国民は、この鳩山内閣に実に70％の支持を与えたのだった。

民主党は政権交代を果たす前、すでに「マニフェスト（政権公約）」を掲げていた。自民党政治とは一変した「政治主導による脱・官僚」、「行政の無駄排除」が二枚看板であった。鳩山自身も「2期4年（当時）党代表と総理を続け、なんとかマニフェストを実現させたい」と意気込んだ。しかし、政権発足から3カ月も経つと、世論の風向きは大きく変わり始めるのだった。

鳩山は国会答弁、メディア対応でも「国民が向こうにいる」との思いで低姿勢に徹し、育ちの良さも手伝ってか自ら強いリーダーシップで臨まず、閣僚、党役員たちの自主性を買うというガバナンスで臨んだことが、裏目に出たようでもあった。とくに、国家戦略担当相とした権力志向の強い「イラ菅」こと菅直人が、より〝自主性〟を強めたことで、「新内閣の弾薬庫」とまで言われ出した。

一方で、幹事長の小沢一郎がいささか強引な党運営をやったことであちこちにハレーションを起こし、「鳩山の顔が見えない」「司令塔はどこなのか」とリーダーシップ欠如として受け取られるといった具合だった。そうした中で、他の閣僚にも勝手な発言、動きをする者が続出したのである。

高い支持を受けていた行政の無駄を排除すると閣僚の新設ポストまでつくった「事業仕分け」も、「議員の特権にメスも入れずの〝お手盛り〟ではないか」の声も出始めるなどで早くも人気は下降、政権発足からわずか3カ月の12月に入ると、早くも「年内の退陣に追い込まれるかも」の声が党内外から出るといった具合だった。

こうした政権発足から早々に退陣説が出た背景は、小沢幹事長との確執でイヤになった藤井裕久財務相が辞任してしまい、菅直人が国家戦略担当相から副総理兼財務相としてその後釜にすわったことも大きかった。シタタカな菅は小沢に接近、このポストを手に入れたなどとの見方もあった。同時に、「ポスト鳩山」はこれで菅が先頭に出たとの声も出始めたのである。

一方、菅と小沢が手を握ったことも手伝い、平成22（2010）年度予算案は戦後5番目の早さで成立した。ここではいささか息を吹き返した感の鳩山政権ではあったが、予算案成立後は改めて岐路に立たされるのだった。鳩山が折からの沖縄の米軍普天間飛行場の移設先などの問題決着を、「移設先は最低でも沖縄県外。5月末までに結論出す」と、期限を切った発言をしてしまったことにほかならなかった。そのあたりの背景を、のちに民主党執行部の一人はこう言っていた。

「残念ながら一国のトップリーダーとして思慮が足りなかった。鳩山本人に、当初から移設先の具体案があったわけでもなく、沖縄県、米側との調整、根回しなど何もできていなかったなかでの発言だからだ。簡単に決められるだろうとの感覚は、基地を含めて沖縄問題の根の深さを軽く考えていたのではないか」

加えて、7月には参院選が待っていたことから、鳩山は現行の民主党の「マニフェスト」の修正まで口にしたからたまらなかった。国民からは「民主党政権は1年もしないのに早や公約取り下げなのか」の批判が渦巻き、これはさらに支持率低下を招く結果になったのであった。

結果、反転攻勢の手立ても欠き、加えて鳩山自らの政治献金疑惑とともにやはり「政治とカネ」疑惑が浮上していた小沢幹事長とのあつれきが国民の不信感をあおった。結局、鳩山は小沢幹事長を更迭、小沢との〝抱き合い心中〟の形で退陣を余儀なくされたということだった。

◆「友愛精神」と現実政治の乖離

さて、それまでの政治の仕組みから「政治主導」「脱・官僚」と一変させたスローガンで新しい政治体制を目指した鳩山政権だったが、1年ももたずに退場を余儀なくさせられた最大の要因は何だったのか。

それには、明治時代の太政官制度以来のこの国の官僚制度の堅牢を、軽視してかかったことが一つあった。政権末期には各省の次官も官邸を敬遠、顔を出すことがなかったという異例さが、それを示している。「政官」の協調関係は、完全に破綻していたということである。そのうえで、トップリーダーには部下が畏怖する〝強さ〟も不可欠だが、鳩山が人間として優しすぎたとの側面も大きかった。

鳩山家には由紀夫の祖父・鳩山一郎元総理大臣以来の「友愛精神」というものがあった。昭和28（1953）年、一郎は立ち上げた「友愛青年同志会」の綱領に、かつてのフランス革命のスローガン「自由・平等・博愛」を反映させ、「われらは自由主義の旗の下に友愛革命に挺身し、左右両翼の極端なる思想を排除して健全明瞭なる民主社会の実現と自由独立の文化国家の建設に邁進する」と謳ったものであった。

すなわち、「友愛」は「博愛」と同一線上にあるとするもので、由紀夫もまた「友愛」は「革命の旗印ともなった戦闘的概念」と解釈、政治の世界での「革命」に挑んだということのようであった。

また、そうした精神の一方で、由紀夫は東大工学部から米スタンフォード大で数学を学んだ理系出身者らしく、「政治を科学する」としてその手法への意欲も強かった。学んだ「問題解決学（オペレーションズ・リサーチ＝OR）」の導入ということで、それまで「数」に頼っていた自民党政治を、効率よく全体を動かすために数学的、合理的に分析、それを

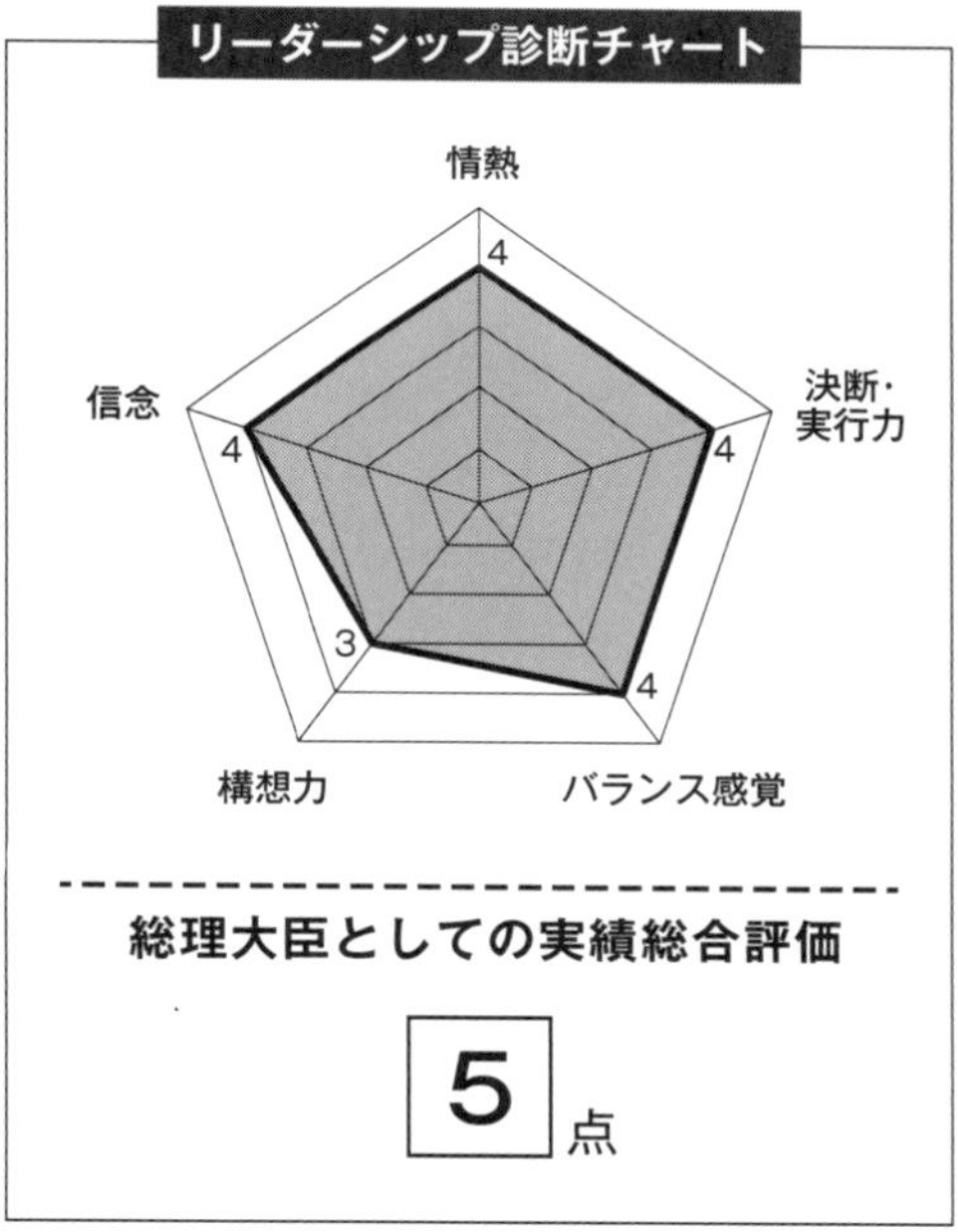

もって自らの意思決定とすることも狙っていたようだった。

結果、こうした手法も、惜しむらく「政治とは理屈よりもメシだろう」との大合唱の中で、わずか1年足らずでかき消されてしまったということだった。これら斬新すぎた〝発想〟には、鳩山に「宇宙人」の異名も残したのだった。

政権交代を果たしたものの、その意気込みとは裏腹に、266日間の鳩山政権の実績は乏しいものだった。残念ながら、合格点に届いたとは言えない。

第61代

菅《かん》 直《なお》 人《と》

昭和21（1946）年10月10日、山口県宇部市生まれ。東京工業大学理学部卒業後、弁理士となる。昭和55（1980）6月、衆議院議員初当選。平成8（1996）年、厚相として薬害エイズ事件に対応した。平成22（2010）年6月、民主党代表。内閣組織。総理就任時63歳。
総理大臣歴：2010年6月8日〜2011年9月2日

大震災、原発事故対応に危機管理能力が問われた「迷走政権」

菅直人を巡っては、若い頃、こんなエピソードがある。

昭和56（1981）年秋の臨時国会。時の衆院の行政特別委員会で、社会運動家として鳴らした市川房枝女史とともに立ち上げた少数野党「社民連」の1年生代議士だった菅が、質問に立った。

国家予算の歳出項目に、国が都道府県にどれだけの補助金を出したかを示す「補助事業費」というのがある。国による、公共投資の目安となるものである。その配分上位は、東京、北海道、大阪、愛知といった大都市に続き、当時14支庁が集まり、北海道開発庁まで置いていた北海道が、順位ともども大方ベスト5の常連であった。

ところが、昭和37年度に〝異変〟が起きたのだった。日本海側の一雪国であるハズの新潟が、一気に愛知の次の5位に躍進、その後は愛知を抜いて4位、ついには東京、北海道に次いで3位まで躍進するのである。新潟が5位に入ったのは田中角栄の蔵相時で、4位のときの自民党幹事長、3位がその幹事長、また通産相を経て総理大臣にのぼり詰めたときだったのである。

ここでは、田中が実力者の階段を駆け上り、予算獲得に腕力を示したことが分かるのだが、菅が行政特別委員会の質問で、これにクレームをつけたということだった。

「田中角栄氏の出身地である新潟県は、他県と比べて補助金が断然多い。これは、どう見てもおかしいのではないか」

ところが、この委員会所属議員には田中派議員が多くおり、菅に猛烈なヤジを浴びせたのである。

「新潟は広いんだ。もっと勉強して来いッ」

「雪をどうする！　それが政治というものだ」

このあとの質問はズタズタ、菅はくちびるを噛むようにして質問席をあとにしたものである。

あえて、若き日の菅のこうした例を引いたのは、菅という政治家のリーダーシップの根幹を垣間見るためである。

すなわち、市民運動上がりらしく国民の不満が奈辺にあるかの直感力はなかなかだが、一方で大局観に欠け、独断専行に走るきらいがあるということだった。また、権力志向もなかなかのものがあるようであった。

さらには、前任総理の鳩山由紀夫は東大工学部卒だったが、こちら菅は東京工業大学応用物理学科卒でともに〝理系脳〟、すなわち物事の進め方は「情より知」が先行するタイプで、菅の場合はこれに自分の意に沿わぬ相手にはすぐイラつき、情け容赦なく怒鳴りつけるというヘキが加わり、「イラ菅」の異名が付いていた。ために、人の集まりが悪く、民主党内の求心力は脆弱で、政権運営はことごとく躓いたのだった。結果、前任の鳩山より若干は上回ったが、一年余で退陣を余儀なくされた。なんと、その時点、振り返れば安倍晋三（第1次）、福田康夫、麻生太郎、鳩山由紀夫、そしての菅と5代続いての短命政権となっている。しかも、この5代の政権、政策的な実績はほぼ残せなかったと言ってよかったのだった。

さて、その菅政権を振り返ってみると、政権に就いて早や1カ月後の7月には参院選が待っていたが、まず消費税10％の増税案を口にしたことで、参院選は敗北することとなった。しかし、その直後となる9月の代表選は対抗馬に強力候補が出ずで、ここで菅はからくも代表「再選」を果たすことができたのだった。

しかし、その後も菅の政権運営は迷走の連続だった。折から、「ＴＰＰ」（環太平洋経済連携協定）交渉が政局の焦点に浮上してきたがこれを先送り、鳩山前総理が口火を切った沖縄の普天間飛行場移設の代替案を、自ら率先、模索することもなかった。

一方で、政権基盤の強化を模索して、自民・公明両党との「大連立構想」も模索したが、時の自民党総裁の谷垣禎一から、「1党独裁に通じる巨大政党の誕生は好ましくない」と一蹴されている。

そのほかにも、安易に日本の国債格下げ問題に言及してブーイングを招き、引き上げるべき法人税を「引き下げる」と答えたり、ＴＰＰ交渉を「ＩＰＰ」交渉と読み違うなど、いささか経済財政政策への弱点も見せつけてしまったのだった。

◆「やはり野に置け」の〝闘将〟か

政権発足から半年の平成22（2010）年の年末には、さすが党内外から「菅政権はすでに末期」との声が挙がり始めた。なるほど、年明けての通常国会召集を待つかのように、菅を見限った民主党内の衆院議員16人が離党届を提出するなど、「民主の乱」すなわち倒閣運動の火の手が上がり始めた。このバックには、幹事長の座を降ろされた小沢の遺恨があったとも言われた。

ところが、具体的な「菅降ろし」勃発寸前に、かの3月11日の「東日本大震災」があり、「TPP」問題など他の政策論争もすべて震災対策に集中されたことで、政治休戦となった。とりあえずは、菅も土俵際で踏ん張ることができたということだった。

しかし、ここで菅がまたまた露呈させたのが、大震災に対する危機管理能力の欠如だった。当時の官邸詰め記者の証言が残っている。

「ここで菅は、民主党だけで震災対策をやり、その成果をもって反転攻勢のキッカケとしたかったようだ。しかし、危機管理戦略などはまったく示せなかった。菅は復旧の最高司令官だが、震災から数時間後には目がうつろになっていたくらいだった。とくに、福島第一原発事故の対応では、電話で現地を怒鳴りつけるだけの『イラ菅』でしかなかった。ついには、『将来は脱原発』として、党のエネルギー政策の大転換も表明してしまった。しかし、その実現のための具体的政治プロセス、電力供給の見通しなどはまったく示されておらず、ポピュリズム（大衆迎合主義）の印象のみが残った」

リーダーシップ診断チャート

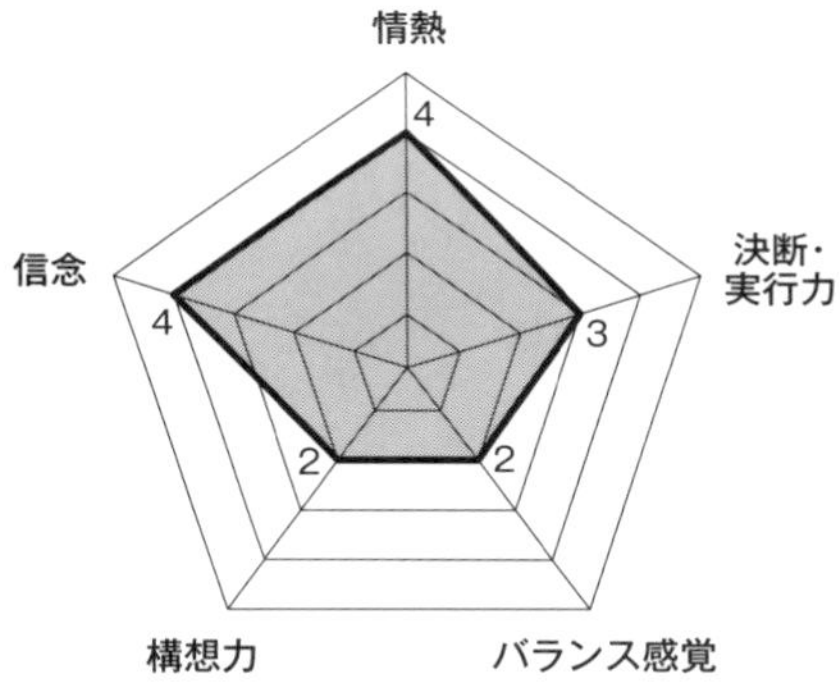

総理大臣としての実績総合評価

5 点

時に、総理と一体のハズの仙谷由人官房長官もさすがにアキレ、菅へ情報をほとんど入れなくなっていたとも言われていた。また、霞ヶ関の各省庁次官クラスは前任の鳩山政権同様まったく寄り付かず、この大緊急時に官邸での菅総理への来客者が、3時間半もゼロという異常事態もあったのだった。こうした経緯の中で、すでに八方塞がり、大震災発災3カ月後の通常国会会期末近くになって、ついに退陣表明を余儀なくされたということだった。

野党では〝闘将〟ぶりを発揮したものの、トップリーダーの座はいささか荷が重かったと言えたようだ。

「やはり野に置けレンゲ草」ということかも知れない。野にあって、見ばえがする。

前任の鳩山同様、惜しむらく政権実績は乏しいものだった。

第62代

野《の》田《だ》佳《よし》彦《ひこ》

昭和32（1957）年5月20日、千葉県船橋市生まれ。早稲田大学政治経済学部卒業。松下政経塾第一期生。平成5（1993）年7月、衆議院議員初当選。平成12（2000）年、民主党から出馬、当選。平成23（2011）年9月、内閣組織。総理就任時54歳。
総理大臣歴：2011年9月2日〜2012年12月26日

政権当初の期待感も「胆力」不足露呈

ようやく果たした政権交代をわずか3年余で再び政権を自民党に明け渡す役割を演じたのが、松下政経塾出身で初めての総理大臣となった野田佳彦であった。

野田は東日本大震災、原発事故対応で危機管理能力欠如を暴露、退陣を余儀なくされた菅直人のあとを襲った形で総理大臣に就任した。野田は民主党内での存在感は高いとは言えなかったが、他の幹部クラスに決め手がなく、言うなら〝消去法〟で手にした政権と言えた。

初めから強いリーダーシップに期待感があったわけでもなかったが、前任の鳩山由紀夫、菅直人がいずれも重心の高さの危うさがあったことから、一見、重心の低さを感じさせる雰囲気に期待感があった。

さて、人物はというと愛称は「どじょう」で、キレはないがどこか愛嬌もあり実直そうな印象を与えた。

そうしたやや地味ではあったが野田政権のすべり出しの内閣支持率は、予想を上回る60%の高さであった。その具体的期待感は、大きく二つあったようであった。

一つは、鳩山、菅の両政権が党内人事で常にゴタゴタを招いていたことから、こうした点を払拭してくれるのではという期待感であった。なるほど、野田は党を仕切る幹事長に党内左派ではあるが、小沢一郎ら右派とのパイプもある輿石東《こしいしあずま》を持ってくることで、党内へのにらみを期待したものだった。こうした人事は、まずは成功した形ではあった。

二つは、派手さはないが、堅実な政権運営を行いそうだという期待感であった。政権発足当初、自民党からは、「野田は鳩山や菅と違い、自民党との対決路線を取らず、低く構えて融和路線で臨んで来そうだ。油断はできない」との声も出たくらいだったのだ。

ところが、芝居の幕が開くと、間もなく観客（国民）の多くは失望感にひたることになる。政権発足から初の国会である臨時国会さなかに閣僚の放言、失言が重なり、自民党からは一変して、「野田政権は意外と早く潰れるのではないか」との見方が出始めたのだった。

しかし、野田自身はこうした声を向こうに、強気な政権運営に徹した。このあたりが、意外と神経の図太い「どじょう」の本性ということのようでもあった。

すなわち、民主党内には異論のあった「TPP」（環太平洋経済連携協定）交渉への参加を表明、また「社会保障と税の一体改革」のための消費税率の引き上げへ意欲を示したということである。

ところが、とくに消費増税に関して、まずノーを突きつけてきたのが党内最大勢力の小沢一郎のグループだった。例えば、グループ内からはこんな声が出ていたのだった。

「民主党が国民と約束し、政権を取らせてもらったのは『国民の生活が第一』ということではなかったか。それが消費増税の負担増ということでは、政権はもたない。野田は消費増税を『不退転の決意でやる』とまで表明しているが、あの執着ぶりは異常としか言えない」

ついに、小沢グループの衆参50名がもはや野田政権に協力できないとして離党届を提出、ここから実質的な民主党政権の瓦解が始まったといってよかったのである。

一方、総理大臣が「不退転の決意」という言葉を使った以上、その増税法案の成立は不可避なものとなる。ところが、野田の党内の支持グループは脆弱であり、一方で最大野党の自民党の協力も得なければ成立は難しいが、自民党とのパイプもほとんどなかった。また、「根回し」などの手法も得意とは言い難かった。窮余の一策と言うべきか、野田はここで法案成立へ向けての〝爆弾〟を投げたのだった。

◆真っ正直すぎた「どじょう」

なんと、民主党と野党の自民党、公明党との「大連合」構想を打ち出したのである。これには、さすがに民主党内から「政権交代可能な2大政党づくりに成功したのに、あまりに矜持がなさすぎる」と大ブーイング、世論また「野合以外の何物でもない」と政権に背を向け、小沢グループの離党届提出に続いて、政権はピンチに陥った。

まさに、万事休す状態である。それでも、もはや民主党内では政権のなり手がないこともあって、9月の代表選では野田がなんとか「再選」されたのだった。

ここで野田は起死回生のための改造人事を断行、当時、党内の「人気三人衆」と言われた岡田克也を副総理、細野豪志を環境相、前原誠司を政調会長というシフトを敷き、10月

29日からの秋の臨時国会での消費増税法案の成立を期したのである。自民党が法案成立に反対した場合は、「人気三人衆」を前面に立て、衆院解散・総選挙で国民の信を問うという腹づもりであった。結果、消費税率を10％で段階的に引き上げることを含む社会保障・税一体改革関係法案は成立した。これをもって、小沢一郎ら大量の離党組が出たのである。

一方、時に自民党は9月の総裁選で、第1次内閣を投げ出した安倍晋三が対抗馬の石破茂を破って改めて総裁に就任、政権奪還への執念を見せつけていた。

臨時国会終盤の11月に入っての野田総理と安倍総裁との「党首討論（クエスチョン・タイム）」で、野田が「自民党が当国会中に議員定数削減法案に協力するというなら、16日に衆議院の解散を約束してもいい」と言明した。安倍は、待ってましたである。政権奪還のチャンス到来と「協力」を約し、これにて12月の総選挙突入となったのだった。このあたりでは、野田の真っ正直な性格も顔を出した。

結果は、野田にとってはすべてが裏目に出た。すでに選挙への取り組みは自民党が一歩も二歩も先行、民主党のそれを上回っており、案の定、民主党は惨敗した。ここに至って、野田は引責による辞意表明を余儀なくされた。

ちなみに、昨年7月8日、安倍晋三元総理が銃撃死をしたが、野田がその後の国会で、政権を奪われた相手である安倍への追悼演説をやることになったのは、いささか因縁めいたものがあったと言えた。

民主党政権は、自民党とは一味違った「政治主導」「脱・官僚」によるこの国の舵取りを夢見たものの、3年余で結局、儚《はかな》く散ってしまった。最大の原因は、鳩山、菅、野田の3政権がトップリーダーとしての「胆力」を大きく欠いていたことにほかならなかった。大局観、党内掌握力、国造りへの構想力など、すべからくが国民の信任を得られなかったということである。

政権を自民党へ〝お返し〟した野田は、人柄は実直、鳩山、菅よりバランス感覚はあったものの、政権実績としてはとくに評価するものはなかった。5点で不合格ではあるが、鳩山、菅同様、対応への意欲は窺え、6点に近いそれであることをお断りしておきたい。

安《あ》倍《べ》晋《しん》三《ぞう》（第２次〜第４次）

昭和29（１９５４）年９月21日、東京都新宿区生まれ（本籍地は山口県）。成蹊大学法学部卒業後、米南カリフォルニア大学留学。神戸製鋼所入社後、父親・安倍晋太郎の外相秘書官。平成５（１９９３）年７月、衆議院議員初当選。平成18（２００６）年９月、第１次内閣組織。総理就任時52歳。１年後退陣も、５年後に「再登板」を果たす。令和４年（２０２２）年７月８日、凶弾に倒れた。享年67。

総理大臣歴：２０１２年12月26日〜２０２０年９月16日

第１次政権の手法をかなぐり捨てた「再登板」

第１次政権を体調不良と選挙の敗北責任で投げ出した安倍晋三は、それから５年余後、総理大臣として「再登板」を果たした。「再登板」は吉田茂元総理のそれ以来、60年以上なかったことである。

その第２次政権発足以降の安倍は、第１次政権の手法をかなぐり捨てたように、いささか強引、直進的な政権運営に転じた。

まず、その政権運営を支える閣僚、党役員の主軸人事に、自ら気心の通じた側近を重用した。あえて、「お友達人事」との批判を尻目にであった。これにより、トップダウンの政治手法が可能となった。

そのうえで、政策的には自らは外交、安全保障に主眼を置き、内政は自らの意向を汲む基本的には長く女房役を務めることになる側近の菅義偉官房長官など、各閣僚に任せる形を取った。また、〝前総理〟の気脈の通じた麻生太郎を副総理兼財務相とし、麻生、菅を両輪として「官邸主導」政治に徹したのが特徴だ。

外交は、とりわけオバマ政権のあとのトランプ大統領に接近、「日米同盟」の色合いをより強めた。沖縄の米軍普天間飛行場の辺野古移転、米側の日米貿易不均衡是正要求にも前向きの対応をした。一方で、貿易自由化を推進するための「ＴＰＰ」（環太平洋経済連携協定）交渉からの米国離脱は、見守るしか術がなかった。トランプ大統領の意向に振り回され続ける印象が強かった日米外交と言えた。

一方で、ロシアとの北方領土返還交渉、第２次政権発足直後に「必ず安倍内閣で拉致問題は解決する」（２０１２年12月）と力説した北朝鮮との拉致問題交渉とも、具体的成果は出せないままであった。また中国、韓国両国ともそれぞれ難題を抱えていたことで、両国との外交関係は行き詰まり感が深かった。つまり、安倍が主軸とした外交の成果は、トータルで見ると限定的なものに止まったとも言えた。

それでは内政はというと、財政政策、金融政策、成長戦略の「３本の矢」を掲げ、なかでも異次元の金融政策を取り続けた「アベノミクス」で、綱渡りながら雇用面の成果は上げた。しかし、舵取りが至難のワザとされる異次元の金融政策の「出口」政策は、まったく見えてこないままであった。

また、その「アベノミクス」続行のため、熊本県を震源とした最大震度7の地震災害などからの景気後退を苦慮、予定していた消費税増税を2回も延期するという異例な策も取った。これにはまた、「安倍の判断に麻生は不満、二人の間にスキマ風が吹き始めた」（官邸詰め記者）などとの声も出た。

さらに、そうした一方で、特定秘密保護法、安保法制としての集団的自衛権行使の個別的容認といったそれまでの歴代政権が踏み出さなかった法案を強行成立させるなど、〝右舵路線〟に直進した。

加えるなら、中央官庁の事務次官、局長はもとより、審議官以上の幹部の人事権を握る政治任用として「内閣人事局」を創設、これにより官僚は政権の意向に異論をはさむことが難しくなった。「法の番人」内閣法制局においてもこの対象となることから、政策推進の際の法的根拠は、常にこの「番人」に守られることになった。

このことはまた、政治家と官僚との関係で、それ以前はあまり表沙汰になることのなかった官僚による政治家の意向を思いやるという、「忖度」という言葉も目立つようにもなったのだった。

◆「1強」長期政権に漂った不透明感

こうしたいささか強権的な安倍晋三政権ではあったが、内閣支持率もおしなべて高く、安倍総理の思惑通りの政治が進み、異論の入る余地がなかったことで、「安倍1強」政治との言葉も生んだ。

その安倍は、第2次政権発足後、衆参の国政選挙を都合6回（令和元年参院選を含む）仕切ったがいずれも勝利、それぞれその後の改造人事も6回あったことで、これが「安倍1強」の大きな要因ともなった。人事は失敗すれば政権の命取りにもなるが、うまくいけば政権基盤はそれ以前より強靭になる。

しかし、一方で「1強」による長期政権は、さすがの「緩み」「驕り」が出た形で、政権の中盤以降はとりわけスキャンダル、不祥事が付いて回るという不透明感も漂い始めた。

安倍晋三・昭恵の総理夫妻が関わったともされた「森友」、伴っての財務省の公文書改ざん、「桜を見る会」、さらには「加計」問題の疑惑も加わるといった具合であった。「森友」疑惑については、安倍は国会での野党の追及に対して「私や妻が関わっていたとなれば首相も議員も辞める」（２０１７年2月）と発言していたが、財務官僚の「忖度」が云々され、結局、疑惑は晴れぬままウヤムヤになってしまった感がある。

今年8月、公明党の石井啓一幹事長は国交相在任時を振り返り、「私にとって一番災害だったのは、森友事件に関わってしまったことだった。国会のたびに野党に追及されたと語っている。もっとも、「一番災害だった」については「自然災害と比較したのは適切でなかった」とは陳謝したものだが。

さらには、この間、ＩＲ（カジノを含む統合型リゾート施設）汚職で自民党議員が逮捕されたほか、厚労省、文科省などの不祥事も続出、また閣僚のスキャンダル、失言などでの辞任も相次いだものだった。

こうした不祥事の続出は、政府・自民党から不祥事が続出した佐藤栄作内閣が抱えた１９６６（昭和41）年の「黒い霧事件」を、はるかに凌ぐものとも言えた。時に、佐藤は自民党幹事長だった田中角栄を辞任させることで政権を維持させたものだが、安倍は不祥事閣僚に責任を取らせて辞職はさせたが、自らの任命責任などについては国会で「責任を感じている。説明責任を果たす」と口にしたものの、国民を納得させるまでには至らなかった。言うなら、不透明感を払拭されないままでの長期政権と言えたのだった。

しかし、こうした安倍政権も、元号が「令和」と変わった慶事もつかの間、新型コロナウイルスという予期せぬ〝外敵〟の襲来に、ついに窮地に立つことになる。

◆「盟友」菅官房長官とのスキマ風

元号が「平成」から「令和」に変わった慶事の一方で、その令和元（2019）年は、「1強」として長期政権を敷いた安倍晋三政権の曲がり角が待っているという皮肉な年でもあった。

安倍はこの年11月20日で総理通算在職日数2887日となり、戦前の桂太郎のそれを超えた一方で、翌令和2年8月24日でそれまでの佐藤栄作の連続在職日数記録を超えた。

しかし、一方で令和元年7月の参院選後の9月の改造人事を境に、それまで「官邸主導」のリーダーシップを発揮し続けていた政権の様態に初めて異変が生じた。安倍と肩を組んできた「人」の離反が大きな理由で、とりわけ注目されたのが安倍と「盟友」視されていた菅義偉官房長官との確執であった。

このときの改造人事直前、菅は自らに近い菅原一秀、河井克行の2衆院議員を閣僚に推薦、安倍もそれを呑んだのだが、間もなくこの両人に「政治とカネ」のスキャンダルが発覚、両人は辞任に追い込まれた。ちなみに、法相だった河井は、のちに公選法違反で逮捕、起訴されることになった。

こうしたことは、安倍からすれば、菅に対して「折角、入閣を呑んだのにオレの足を引っ張るつもりなのか」ともなり、以後、両者の間に〝しこり〟が生じたとされている。その後、新型コロナウイルス問題が発生しても、官房長官として危機管理の前面に立つべきところに菅の出番はなく、コロナ対応への主軸閣僚は西村康稔経済再生相が担うということになった。菅にとってはメンツが潰れた形となり、安倍との距離はコロナ問題を契機にさらに広がったと言えたのだった。

こうして官邸で政権を支えた屋台骨の一角が崩壊した一方、安倍がこの改造人事で幹事長の交代を視野に入れたとのことで、こんどは二階俊博幹事長が反発した。以後、結局は留任となった二階ではあったが、安倍と上手に距離を取りながらも、菅官房長官と急接近を図るようになったのだった。二階には、「衆参の国政選挙で連戦連勝の指揮を執ったのはオレだ。それが、なぜ交代なのか。クビを切るなら切ればいい」といった開き直りが窺えたのであった。二階としては、安倍が今後「４選」を目指したいなら、党をまとめるオレの存在意義が分からないのかとの、〝自負〟が垣間見られたものである。安倍は、結局は二階のクビを切れなかった。

しかし、令和2年のコロナの緊急事態宣言、それに伴う経済対策の給付金問題で、安倍は、当初、減収世帯へは「条件付き1世帯30万円給付」と閣議決定までしたものの、与党を組む公明党を先頭に、野党、自民党の一部が断固反対の論陣を張り、結局は「条件なし国民一人10万円給付」として閣議決定のやり直し、補正予算案の組み替えといった政権にとっては大失態に追い込まれた。二階も菅も、公明党との太いパイプが知られ、ここでは公明党のうしろに控える両者の影も云々されたものであった。

◆長期政権「三つの背景」

さて、通算8年弱の長期政権を誇った安倍晋三政権ではあったが、特に政権の中盤あたりから、世論の批判の対象となりだしたことが大きく三つあった。

閣僚などの不祥事のたびに「任命責任は私にある」と国会答弁で口にするものの、「責任」はいつも〝行方不明〟で終わっていたことが一つ。また、国会軽視も目立った。例えば、平成30（2018）年末の自衛隊の中東派遣も、本来なら国会で審議すべき事案であるにも拘らず、閣議決定で決めてしまうなど異例の対応をしたことが二つ目である。そして、官僚組織を変質させたことも大きかった。世界に冠たる明治時代の太政官制度以来の官僚制度は、官僚の「公僕」としての矜持がその底流にあった。それが、「内閣人事局」の創設でいささか変質することになった。「忖度」という言葉が霞ヶ関を徘徊し、政治の「劣化」にさらに拍車をかける懸念が指摘されたのであった。これが三つ目である。

そうした批判が付いて回っても、なぜなお安倍長期政権だったのか。強固な保守勢力の岩盤が支えたにしてもである。ここでもやはり、三つほどの背景を見ることができる。

まず、自民党内の「ポスト安倍」候補の脆弱さがあった。標榜する政権への抱負の中に、安倍を凌駕するだけの骨太さは誰にも見られなかった点である。「（候補の）顔ぶれが物足りない。比べるなら、まあ安倍でいいのではないか」という世論の消極的支持に助けられたということである。

二つは、非力な野党の存在である。政権を土俵際に追い込む熱量が、あまりにも欠けていた。おそらく安倍は官邸総理執務室で、長く密かに笑いを噛みころしていたのではなかったかと思われる。

三つは、与党を組む「平和の党」を掲げる公明党の〝ガンバリ不足〟だ。集団的自衛権容認問題一つ見ても、ほどほどのところで妥協した。終始、安倍の政策推進ペースを許し続けたということである。

その意味では、安倍を利する政治環境もまたあったと言えるようである。

こうしたうえで、令和2年8月上旬の読売新聞の世論調査は、衝撃的とも言える結果を伝えた。内閣支持率37%に対し、不支持率実に54%と、第2次政権発足以降最悪を記録した一方で、安倍のコロナ対応での指導力についても、78%が「発揮していない」としたのである。ここでは、ついに忍び寄った〝落日〟を感じさせたのだった。

そして、ついに体調不安を理由とした8月28日夕の退陣表明ということであった。

一方、こうした現状を打破する政権浮揚案はというと、これはとくに見当たらなかった。北方領土返還、北朝鮮拉致問題、憲法改正など、志半ばの無念の退陣のよう

リーダーシップ診断チャート

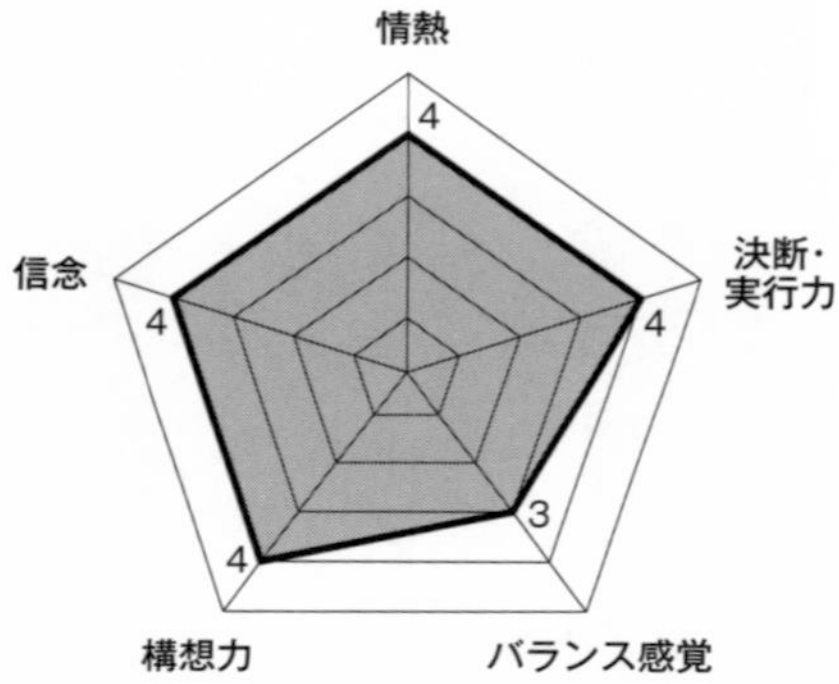

総理大臣としての実績総合評価

7点

であった。

令和４（２０２２）年7月8日、岸田政権下の参院選の奈良県下での候補応援演説中に凶弾に倒れた。時に、まだ67歳。一部には、「再々登板」の声もあった矢先でもあった。

長期政権の実績評価は、内政、外交ともに成果に物足りなさも残った。加えて政権運営で国民の不信感を買った部分もあるが、意気込みは多としてオオマケで7点とした。

第63代

菅《すが》義《よし》偉《ひで》

昭和23（１９４８）年12月6日、秋田県雄勝郡雄勝町（現・湯沢市）生まれ。法政大学法学部卒業後、代議士秘書。昭和62（１９８７）年４月、横浜市議に初当選。平成８（１９９６）年10月、衆院神奈川２区から出馬し初当選。総務相として初入閣のあと、第２次安倍内閣で官房長官。７年８カ月に及ぶ。令和２（２０２０）年９月から３年10日の総辞職までの内閣総理大臣在任期間は３８４日。当選９回。

「コロナ」苦闘の日々の1年

前任の安倍晋三総理大臣の後継は、当初、自民党内では石破茂元幹事長と岸田文雄政調会長の争いと見られていたが、旧田中派でいやほど党内抗争を見、変幻自在の勝利へのノウハウを身に付けていた情報通で鳴る二階俊博幹事長の動きにより、情勢は一変した。安倍内閣の官房長官だった菅義偉が、急浮上したということだった。

二階は、最大派閥で安倍の出身派閥でもある細田派、および第2派閥の副総理兼財務大臣の麻生太郎率いる麻生派が後継候補を絞り込む前に、先手を打って自民党総裁選での菅の出馬をリードした。

安倍と麻生の両雄は、〝石破嫌い〟で知られている。一方で、麻生派と岸田派は「宏池会」という池田勇人元首相以来の名門派閥を源流としている仲であるものの、麻生は岸田派に影響力を残す同派名誉会長の古賀誠元幹事長とソリが合わず、これは安倍もまた同じであった。情報通の二階は、これにより細田、麻生両派は岸田擁立に逡巡があると読み、「令和おじさん」で知名度を一気に高めたことも考慮し、二階派として菅を擁立すると表明した。「菅総理」への流れを、いち早くつくってしまったのだった。結局は、細田、麻生両派に加え、もう一つの有力派閥の竹下派（現・茂木派）も両派に同調、これにて勝負ありで菅の総裁・総理が実現したということであった。

菅は当然、安倍や麻生が5年にわたって自民党を牛耳っていたことから交代を望んでいた二階幹事長を、〝論功行賞〟で留任とすることで突っ走った。振り返れば、こうしたいささか強引な人事も、のちに菅政権がわずか1年余で終焉を迎えることになる少なからずの要因ともなったとも言えた。

例えば、安倍に近い筋からは、早くも「政権の体質は、〝二・菅政権〟そのものだ。好ましいとはいえない。菅の任期は安倍総裁の任期が切れる来年9月までの暫定政権ということになるのではないか」の声が挙がったものである。これはどうやら、安倍と菅の間のスキマ風がまだ収まっていないことも感じさせた。

その菅内閣は、「国民のために働く内閣」を標榜してスタートした。政治は国民のためにあるとすれば、あまりに当たり前すぎて拍子抜けの感もあったが、自ら派閥を持たずの「叩き上げ」総理としては、何よりも国民の関心と支持に頼らざるを得ないという事情も、また垣間見られた。名前をひっくり返しての自らを「ガースー」とした発言も、精一杯の国民向け〝自虐サービス〟だったとも思われる。

そのうえで、政権発足時の内閣支持率が60%超であったことで、菅は強気の政権運営に出た。経済政策として「アベノミクス」の同じものを狙っての「スガノミクス」を掲げ、国民、消費者に分かりやすい携帯電話の料金値下げ、不妊治療の保険適用など国民生活に直結する政策を矢継ぎ早に打ち出す一方、看板政策に脱炭素化、デジタル庁やこども庁設置などを掲げたものであった。

しかし、折からのコロナの感染拡大、それに伴う対策が後手に回ったこと、河井克行元法相夫妻、秋元司衆院議員の「政治とカネ」の不祥事に対する公判も進んでいたなども手伝って、秋の臨時国会あたりでは早くも支持率は下降曲線を描き出したといった具合だった。

◆「五輪」政権浮揚とならず

一方で、「菅人気」の下降は、総理自身の資質を問われた部分も大きかった。記者会見は原稿を棒読みすることが目立ち、ために総理としての真意、情熱などはなかなか国民に伝わってこなかった。例えば、予算委員会などでの質問に対する答えもなかなか嚙み合わず、これは総理の説明能力が問われるということでもあった。

年が明けると、「菅政治」はインド由来の変異株（デルタ株）による感染拡大も手伝って、内閣支持率の下落、自民党内での求心力の低下にも拍車をかけだした。

この間、政権現場の〝切り札〟として期待、強行した1年延期開催の東京五輪・パラリンピックも、結果的には政権浮揚への成果とならず、また東京都議選での自民党敗北、菅のお膝元の横浜市長選での自民党候補の敗北も、「菅人気」の足をさらに引っ張る形となったのである。ために、令和3（2021）年の通常国会閉幕頃には、衆院議員の10月の任期満了を前にして、自民党内から選挙基盤の弱い議員らを中心に「菅総理では選挙は戦えない。党の〝表紙〟を代えるべき」などの声も出始め、「選挙の顔」として不安視が高まるといった具合だった。

それでも、菅は苦境打開のための策を巡らせた。衆院議員任期切れ直前の異例と言える党人事のほか、衆院選を勝利すれば、無投票での総理「再選」の道が開けるとばかり、総裁選を先送りして衆院を解散するなどの〝延命策〟を模索した。しかし、こうした策はむしろ自民党内の反発を買った一方で、結果的には連立を組む公明党からも「解散にはノー」とのダメ出しが出た。同党も自民党内の空気に合わせるように、〝菅切り〟に舵を切ってきたと思われた。すでに、コロナによる「緊急事態宣言」以上に、政権そのものが緊急事態ということだったのだ。

菅の延命策は、ここに至って万事休す、となった。菅は9月3日、自民党総裁選（9月17日告示、29日投開票）を前にして、ついに記者会見で総裁選出馬断念を表明したのであった。安倍〝前総理〟とのスキマ風も尾を引き、多数派工作に自信が持てなかったとも言えたようであった。

◆人材不足の自民党に「再登板」の声も

そうした菅総理には、二つの評価があった。

一つは、政権発足から1カ月半ほど続いた頃、ドイツの高級紙・南ドイツ新聞が以下のように報じたことである。

「（菅総理は）ほとんど野心を持たないように見える。ために、輝きの欠ける」

もう一つは、政治学者・御厨貴の朝日新聞での菅総理の辞意表明直後の評である。いささか厳しいが、おおむね次のように言っている。

「私から見ると、首相になりきれなかったままの1年に見えた。（政権運営について）官房長官時代の内閣人事局の発足により、官僚たちは説明しない政治を受け入れ、官僚主導政治は徐々に空洞化していった。菅首相は『情報』で生きてきた政治家ながら、長く官房長官として権力の中枢にいたことで都合の良い情報ばかりが集まるようになり、〝裸の王様〟になったのではないか」（2021年9月4日付朝刊）

退陣後、総理時代にも派閥を持たなかった菅は、いまでも無派閥のままだ。後継総理となった岸田文雄が岸田派を堅持し、総理として脱派閥に踏み切らぬことを批判するなどの一方で、超党派の日韓議員連盟会長就任、インドとの議員外交で存在感を示している。

また、連立を組む自民党と公明党との関係が悪化するなか、非主流派の重鎮として公明党・創価学会とのパイプの太い菅の動きも注目され、「岸田政権が倒れた場合、『ポスト岸田』候補が物足りないなかで、菅の〝再登板〟もあり得る」（自民党ベテラン議員）という声もないわけでもない。ここでは、自民党の人材不足が改めてクローズアップされるところでもあろう。

ちなみに、日本国内五輪開催年には、総理大臣が必ず退陣するというジンクスがある。１９６４年の東京開催時の池田勇人、１９７２年札幌開催の佐藤栄作、１９９８年長野開催の橋本龍太郎である。そのうえで、菅もまた、ジンクスを打ち破ることはできなかったということでもあった。

菅政権1年余を振り返れば、菅総理のリーダーシップについては、多くのエネルギーがコロナ感染拡大阻止に費されたゆえの気の毒な面はあったにせよ、発信力の弱さと説明不足はいかんせんとする部分もあった。

菅は秋田のイチゴ農家に生まれ、高校卒業後に上京。段ボール工場などのアルバイトで学費をた

リーダーシップ診断チャート

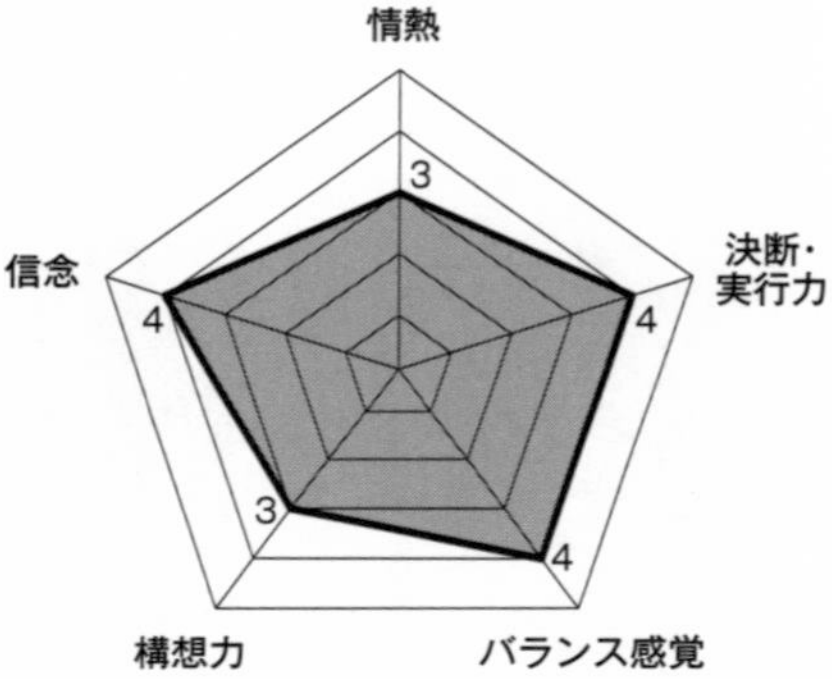

総理大臣としての実績総合評価

6 点

め、2年遅れで法政大学に入ったという〝苦労人〟だ。そうしたなかで、這い上がって総理の座に就いた。どこか尋常高等小学校卒で15歳で新潟から上京、そこから這い上がって総理の座を奪い取った田中角栄の生いたちに似ていなくもない。しかし、田中の腕力、華々しさは、惜しむらく菅にはなかったと言えた。

コロナに振り回された側面はあったにせよ、政権実績としては限定的と言わざるを得ない。コロナに振り回された同情もあり、かろうじての合格点とした。

第64代

岸《きし》田《だ》文《ふみ》雄《お》

昭和32（1957）年7月29日、東京都生まれ。早稲田大学法学部卒業後、日本長期信用銀行入行後、父・文武衆院議員秘書。平成5（1993）年7月、自民党公認で衆院旧広島1区から出馬し初当選。沖縄・地方担当相として初入閣のあと、消費者担当相、国対委員長を経て岸田派会長に。第2次安倍内閣で外相に就任、以後、4年7カ月務める。その後、自民党政調会長。令和2（2020）年9月の党総裁選で菅義偉官房長官（当時）に敗北したが、翌3年9月の総裁選で勝利、10月4日内閣総理大臣に就任。当選10回。

「リベラル政権」の真価が問われる方向性と実行力

令和3（2021）年9月29日、菅義偉の後継たる新たな自民党総裁に決まった岸田文雄は、10月4日に内閣総理大臣に選出された。

4人が立候補した自民党総裁選では、党所属国会議員票と党員・党友の地方票による第1回投票で、前人気の高かった河野太郎行革担当相を僅差で岸田が制する展開となった。しかし、過半数を制した者がいなかったことにより1位岸田、2位河野による、国会議員票の比重が極めて大きくなる決選投票に持ち込まれた。結果、岸田が河野に大差をつけた形で勝利したものだった。

岸田の勝利の背景は、「異端児」の異名通り強い発信力でハッキリ物を言う河野に対し、安倍晋三元総理がなお影響力を残す出身派閥にして最大派閥の細田派、河野の所属派閥で麻生太郎副総理兼財務相が率いる第2派閥の麻生派の大勢が同調せず、〝岸田乗り〟となったことが大きかった。

安倍、麻生の両御大がブレーキの利きにくい「河野政治」を警戒したこと、ふだんの河野と多くの国会議員との人間関係が稀薄で、これもまた河野に国会議員票が限定的だったことが原因とみられた。そうしたうえで、岸田への他の候補と比べればいささか安定感ありとの見方が、河野の持つ発信力を押し切ったということのようだった。

総裁就任が決まった直後、岸田は「私の特技は、人の話をよく聞くこと。丁寧で寛容な政治を行い、国民の一体感をしっかり取り戻したい」と語り、「聞く力」の持ち主であることを強調したものであった。

その岸田は、吉田茂元総理の自由党の流れを汲み、その弟子にあたる池田勇人が創設した初の派閥でもある「宏池会」を継承している。「宏池会」はその池田を嚆矢《こうし》とし、その後、大平正芳、鈴木善幸、宮澤喜一と4人の総理大臣を輩出、岸田が「宏池会」出身の5

人目の総理となる。

宏池会は「保守リベラル」を標榜、「保守本流」を自他ともに認める名門派閥で、一般的には「ハト派」のイメージがある。池田から宮澤までの4代の総理の志向はいずれも「軽武装、経済重視」で一貫していたのだった。

しかし、岸田総理はいささか〝色合い〟が異なっているようにみえる。

例えば、昨年12月、安保関連3文書を改定し、「敵基地攻撃能力（反撃能力）」の保有を決める一方、防衛費は国内総生産（GDP）比2％まで増やすとし、防衛力強化のための増税方針も打ち出した。原子力政策も、変えることを逡巡しない。また、宮澤元総理が固執した「護憲」とは一線を画したように、憲法改正論議をタブー視せずの姿勢もみせている。

こうした従来の「宏池会」出身総理とは一線を画したようにも見える岸田は、その著『岸田ビジョン　分断から協調へ』（講談社＋α文庫）で第2次安倍内閣での外相経験4年7カ月を踏まえ、次のような〝自信の弁〟を展開している。

「外交・安全保障の分野では、私以上に経験豊かな政治家はあまり見当たらないと自負しております。（中略）徹底した現実主義に基づく政策判断こそ、宏池会の理念です」

ここでの「徹底した現実主義に基づく政策判断」が、岸田政治のキモということになる。

この「徹底した現実主義」は、一方で今年5月の米国の「タイム」誌（電子版）が岸田へのインタビューに基づく「日本の選択」と銘打った見出しで、次のような記事を公開した。いわく、「（岸田総理は）長年の平和主義を捨て去り、日本を軍事大国に変えようとしている」だった。

これに対し、官邸サイド、外務省は大慌てで〝訂正要求〟、結果、「かつて平和主義だった日本に、世界の舞台でさらに積極的な役割を与えようとしている」に変更された。こうした経緯について、林芳正外相はこう語ったものだった。

「インタビューでは、岸田首相は厳しく複雑な安全保障環境や防衛力強化、経済政策など、幅広い事項についてわが国政府の立場を説明ている」

すなわち、「タイム」誌へは異議申し立てや抗議をしたのではなく、〝乖離〟を指摘したということのようだが、米国が岸田総理をこれまでの「宏池会」出身総理より一歩踏み込んだ、軍事力増強姿勢があることを指摘した格好でもあった。

国際情勢が複雑、混沌化するなか、政治は難しい対応を迫られることは言うまでもない。そうしたなかで、名門「宏池会」5人目の総理の岸田は、池田勇人のつくった「宏池会」の伝統を払拭してしまうのかどうか、新たな「宏池会」出身総理ということになるのかどうかに注目である。

◆「状況対応型」政権運営の吉凶

さて、政権に就いた岸田文雄総理にまず問われたのは、折からのコロナ禍への対応と経済活動の再開の二つをどう両立させるかであり、一方で新型コロナの第6波に備えながら日本経済をどう立て直していくか、冷え込む中国、韓国との関係にどう対応していくのかなど、難問は山積であった。

そのうえで、大きく旗を振ったのが、安倍元総理の「アベノミクス」の向こうを張るように、競争を重視した〝新自由主義的な政策〟からの転換であった。格差是正を窺い、経済成長の果実をとりわけ中間層、低所得者へ手厚く分配するとした「新資本主義」の提言ということであった。

その分配政策や成長戦略の多くを盛り込んだ象徴が、政権発足後にまず打ち出した超大型の経済対策であった。国と地方の支出に、国からの貸付金である財政投融資を加えた過去最大の財政支出は55・7兆円、民間が使うカネを含めた事業規模はじつに78・9兆円にのぼるといった〝大仕掛け〟なものであった。

また、この財政支出のうち融資や地方の支出を除いた国費は43・7兆円、政府はこのうちこれも過去最大となる35兆9895億円を令和3年度補正予算案として計上、臨時国会で成立させた。内閣はこの超大型経済対策は実質国内総生産（GDP）を5・6％押し上げる効果ありと、説明したものであった。

一方、これら対策の目玉はコロナ禍でダメージを受けた個人、事業者向けの「給付金」だったが、個人向けのそれを巡って政権のドタバタぶりも見せつけた。こうしたことが、岸田の〝安定感〟を支持した自民党内の勢力、また国民にもいささかの失望感を抱かせたものだった。

岸田政権のこうした迷走の原因は、方針の〝朝令暮改〟にあったと言えた。

この給付金問題とは、岸田政権が打ち出した超大型経済対策で18歳以下の子どもを対象にした「10万円給付」の措置を巡っての混乱ということであった。

政府は、当初、5万円を現金で、あとの5万円分を子育て関連に使途を限定したクーポンを配布するとしたが、野党、自治体からは総スカンを喰った。クーポン給付は、クーポン券の印刷、発送などの事務経費が967億円に上ることで大きな無駄、現金給付なら280億円の3分の1弱の経費ですむことのほか、クーポンとなれば実務を担う自治体の事務手続きの負担があまりに大きいと猛反発が起こったものであった。

ために、追い込まれた形の岸田は、その後の臨時国会衆院代表質問で、苦渋の〝白旗〟を揚げたのだった。「クーポンを原則としながら、自治体の実情に応じて現金での対応も可能とする運用とする」と。

こうした岸田政権の〝朝令暮改〟、方針転換の連発について、自民党のベテラン議員の一人はこう酷評したものだった。

「ワクチン供給についても、政府の指針自体が曖昧であることを露呈した。また、見通しの甘さは、政権の危機管理対応の杜撰さを覗かせた。『10万円給付』については、初めから子ども世帯への支援なのか景気対策なのかの、狙い絞り込みも明確でない。ために、世論調査でも、『評価せず』が『評価する』をかなり上回る結果となったのだ。

岸田とすれば、総理就任直後の衆院選での勝利に加えて令和4年7月の参院選でも勝利し、政権基盤を固めて長期政権を狙いたいというあせりが窺える。与党と組む公明党との選挙協力を重視、〝10万円給付〟も結局は行政全体への目配りができていないなども含めて、公明党との間での詰めを欠いたまま突っ走ってしまったゆえの迷走だった」

同様に、例えば経済同友会の櫻田謙悟代表幹事も、この「10万円給付」について、記者会見で「(岸田政権は)どちらを向いて、何をやろうとしているのかがよく分からない。また、購買力を高めることになっても、ただちに消費につながると考えるのは楽観的だ」

と、支給分の多くは貯蓄に回るのではとの見方も強めたといった具合になる。

前出の自民党ベテラン議員は言った。

「岸田総理の政権運営の手法は、一言で言えば〝状況対応型〟になる。最大派閥の安倍派などの意向を、まず分析する。そのうえで、やるとなったらあまり周囲の話は聞かずGOとなる。結果、党内調整、根回し不足が露呈、あまり深く考えての政権運営ではないことが手伝って異論が付いて回ることになる。良く言えばスピード感、決断力があるということにはなる。悪く言えば、〝やってる感〟だけが目立つ八方美人的運営だ。ただし、物に動じない、度胸のよさは窺える」

◆「ジンクス」払拭できるか

岸田文雄政権には一昨年、昨年の衆院選、参院選に勝利したことで、以後、衆院の解散がなければ〝無風〟で政権運営に取り組めるとして、「黄金の3年」の言葉があった。

ところが、いま状況は「波乱含みの3年」と化しつつある。

今年5月のG7広島サミット前後から、政権の足元をすくうような大波が、突如、どっと押し寄せ始めたからにほかならない。

マイナンバーカードをめぐる不祥事の続出、連立を組む公明党との関係悪化、先の読めない物価高騰での庶民の悲鳴等々、いずれも政権は国民を納得させる明確な対応策を持てないでいる。

ために、今年6月の通常国会閉幕直前にもと窺っていた衆院の解散・総選挙にも踏み切れなかった。その先の解散タイミングは、まったく計算が立たないのが現実だ。

果たして、岸田はいささか軸が見えない政権運営の中で、狙っている来秋の総裁「再選」を手にし、長期政権へつなげることができるのかどうか。

通常国会開幕後の支持率はジリジリ下落傾向にあり、不支持も急速に高まっている。自民党内での求心力も、ジワジワと落ちている。力強さがない。ために、まずは「新資本主義」として揚げた「成長と分配の好循環による格差是正」政策、とりわけ分配のための成長率の底上げに向けた具体的な道筋を、一刻も早く示す必要があると言える。

今後の政権運営しだいでは、衆院の解散・総選挙で勝利、その勢いを借りて来秋の総裁選で「再選」をという目論見が崩れる可能性もなきにしもあらずである。菅義偉前総理が解散を封じられ、「再選」への道を閉ざされたケースの〝再現〟が、まったくないとは言えない状況下にある。

一方、「宏池会」出身の大平正芳、鈴木善幸、宮澤喜一は、いずれも長期政権は果たせなかったというジンクスがある。また、岸田は危機管理への迅速対応のため、議員宿舎から公邸住まいとした。しかし、公邸住まいをした歴代総理は皆「短命」で終わっているというジンクスもある。岸田がまた、こうした一連のジンクスに泣くのか、あるいはこうしたジンクスを破ってみせるのか、このあたりも今後の見どころだ。

岸田は祖父、父も衆院議員の「世襲」である。座右の銘は「春風接人」、なるほど性格は温厚だ。読書家で、総理に就任する前は帰宅前に書店に立ち寄ることも多かった。勉強家ではあるようである。

一方で、自他共に認める酒豪。第2次安倍内閣発足時から務めた外相の在職日数は、戦後歴代2位を記録、その間、ロシアのラブロフ外相とウォッカを飲み比べ、一歩も引かなかったという〝力強い〟エピソードもある。内政、外

リーダーシップ診断チャート

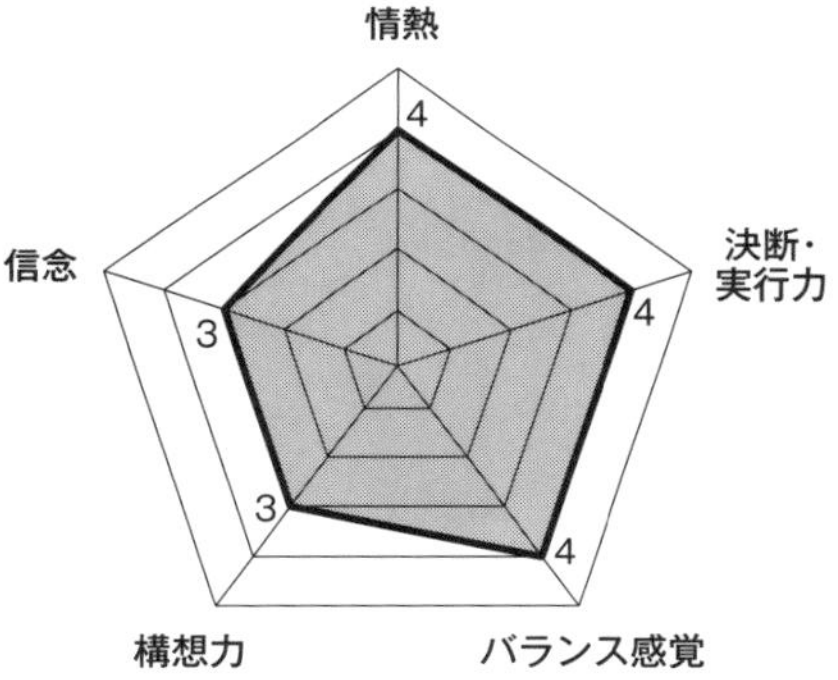

総理大臣としての実績総合評価

採点不能

交とも、「聞く力」と「発信力」のバランスを取りつつ、秘めたしたたかさを発揮できるかどうか。

現時点で、岸田総理の政権実績としての採点は不能である。今後のデキを待ちたい。

〈参考文献〉

「宰相鈴木貫太郎」（小堀桂一郎・文藝春秋）。「戦後総理の放言・失言」（吉村克己・文春文庫）。「日本宰相列伝18　吉田茂」（猪木正道・時事通信社）。「鳩山一郎—英才の家系」（豊田穣・講談社）。「巨魁」（岩川隆・ダイヤモンド社）。「戦後日本の保守政治」（内田健三・岩波新書）。「戦後政治史」（石川真澄・岩波新書）。「池田勇人とその時代」（伊藤昌哉・朝日文庫）。「佐藤寛子の『宰相夫人秘録』」（佐藤寛子・朝日新聞社）。「政治家田中角栄」（早坂茂三・小学館）。「私の田中角栄日記」（佐藤昭子・新潮社）。「政治とは何か—竹下登回顧録」（竹下登・講談社）。「証言保守政権」（竹下登・読売新聞社）。「連立政権の真実」（久保亘・読売新聞社）。「実録首相列伝」（歴史群像シリーズ・学習研究社）。「歴代首相物語」（御厨貴編・新書館）。「権力の中枢が語る自民党の三十年」（読売新聞政治部編・読売新聞社）。「一億人の昭和史・日本人7・三代の宰相たち」（毎日新聞社）。「東久邇政権・五十日」（長谷川峻）、「芦田政権・二二三日」（富田信男）、「石橋政権・七十一日」（石田博英）、「岸政権・一二四一日」（大日向一郎）、「池田政権・一五七五日」（吉村克己）、「佐藤政権・二七九七日」（楠田実）、「田中政権・八八六日」（中野士朗）、「三木政権・七四七日」（中村慶一郎）、「福田政権・七一四日」（清宮竜）、「大平政権・五五四日」（川内一誠）、「鈴木政権・八六三日」（宇治敏彦）、「中曽根政権・一八〇六日」（牧太郎）、「竹下政権・五七六日」（後藤謙次）、　以上はいずれも行研出版局。

他に、朝日、読売、毎日、産経新聞各紙バックナンバー。

【著者略歴】
小林吉弥（こばやし・きちや）
政治評論家。1941年８月26日、東京生まれ。早稲田大学第一商学部卒業。永田町取材暦は半世紀を超える。政局・選挙情勢分析、歴代実力政治家のリーダーシップ論の的確さには定評がある。新聞、週刊誌などでの執筆、講演、テレビ出演などで活動する。
最近刊に『田中角栄名言集　仕事と人生の極意』（幻冬舎新書）のほか、『高度経済成長に挑んだ男たち』『田中角栄 心をつかむ3分間スピーチ』(共にビジネス社)、『宰相と怪妻・猛妻・女傑の戦後史』（だいわ文庫)、『21世紀リーダー候補の真贋』（読売新聞社）など、多数の著書がある。

写真／首相官邸

戦後総理36人の採点表
池田勇人がつくった宏池会を岸田文雄がぶっ壊す!?

2023年10月1日　第1刷発行

著　者　小林　吉弥
発行者　唐津　隆
発行所　株式会社ビジネス社
〒162－0805　東京都新宿区矢来町114番地　神楽坂高橋ビル5F
電話　03－5227－1602　FAX 03－5227－1603
URL　https://www.business-sha.co.jp/

〈カバーデザイン〉常松靖史（有限会社チューン）
〈本文DTP〉有限会社メディアネット
〈印刷・製本〉モリモト印刷株式会社
〈編集担当〉佐藤春生　〈営業担当〉山口健志

ISBN978-4-8284-2558-0